Volker M. Heins

# OFFENE GRENZEN FÜR ALLE

Eine notwendige Utopie

Hoffmann und Campe

Sollte diese Publikation Links auf die Webseiten Dritter enthalten, so übernehmen wir für deren Inhalte keine Haftung, da wir uns diese nicht zu eigen machen, sondern lediglich auf deren Stand zum Zeitpunkt der Erstveröffentlichung im April 2021 verweisen.



1. Auflage 2021

*www.hoffmann-und-campe.de*
Umschlaggestaltung: Vivian Bencs © Hoffmann und Campe
Satz: Dörlemann Satz, Lemförde
Gesetzt aus der Adobe Garamond und der Coco Gothic
Druck und Bindung: GGP Media GmbH, Pößneck
Printed in Germany
ISBN 978-3-455-01067-1

HOFFMANN UND CAMPE

*Ein Unternehmen der*
GANSKE VERLAGSGRUPPE

# INHALT

Einleitung

# EINE FREIHEITSSTATUE FÜR EUROPA

Offene Grenzen für alle? Alle sollen überallhin fahren dürfen, um zu arbeiten und zu leben, wo es ihnen gefällt? Das finden viele sicher illusorisch, unrealistisch, ja geradezu gefährlich. Nichts könnte dem Zeitgeist mehr widersprechen.

Dabei ist es – so die These dieses Buches – nicht die Öffnung, sondern die dauerhafte Schließung der Grenzen, die illusorisch, unrealistisch und zudem für die Betroffenen nicht selten lebensgefährlich ist. Gewiss, die vorübergehende Schließung von Staatsgrenzen kann manchmal sinnvoll sein, zum Beispiel um die Ausbreitung eines Virus zu verzögern. Das haben wir nach dem Ausbruch der Coronapandemie im Jahr 2020 gelernt, als nicht nur Europa die Grenzen dichtmachte, sondern auch China oder afrikanische Länder Visa annullierten und den Luft- und Schiffsverkehr von und nach Europa und in die Welt aussetzten. Sogar innerhalb Deutschlands gab es zeitweilig Einreise- und Beherbergungsverbote in bestimmten Bundesländern und Landkreisen. Selbst ein internationaler Gesundheitsnotstand rechtfertigt allerdings nur kurzzeitige Reisebeschränkungen, da sich Erreger nicht um Landesgrenzen scheren, wie die Weltgesundheitsorganisation schon bei früheren Pandemien feststellte. Reisebeschränkungen für gesunde Menschen ohne ansteckende Krankheiten sind noch viel schwieriger zu rechtfertigen. Und doch unterbinden zunehmend engmaschige, asymmetrische Grenzkontrollen die Freizügigkeit der Mehrheit der Menschheit dauerhaft und ohne vernünftigen Grund. Die Lockdowns, die wir während der weltweiten Coronakrise erlebt haben, sind für sie der Normalzustand. Dieser Zustand muss durch Lockerungsmaßnahmen im großen Stil überwunden werden.

Man kann nicht behaupten, dass die gegenwärtige Ordnung globaler Migrationskontrollen und Einreisebeschränkungen vernünftig ist. Es ist verrückt, dass ein kleiner Teil der Menschheit fast überallhin reisen und sich überall niederlassen kann, während der andere, viel größere Teil zur Sesshaftigkeit verdammt ist. Wer das normal und gerecht findet, kann nicht gleichzeitig das Hohelied auf die Prinzipien der Demokratie und der Menschenrechte singen. Aber auch wenn man bereit ist, diese Prinzipien aufzugeben, ist es naiv zu glauben, man könnte im historischen Westen durch Zäune aus Stahl und biometrischen Daten dauerhaft eine »weiße« Parallelgesellschaft aufrechterhalten oder wiederherstellen – eine Parallelgesellschaft, die sich von der übrigen Menschheit abschottet. Über kurz oder lang führt kein Weg daran vorbei, die Durchlässigkeit der Grenzen von Staaten für Migrationswillige in alle Himmelsrichtungen zu erhöhen. Damit meine ich die »großen« territorialen Grenzen zwischen Staaten, aber auch die »kleinen« Grenzen zwischen den Neuankömmlingen und den Einheimischen innerhalb von Staaten.

Das Buch plädiert für eine praktische Orientierung an einer Utopie offener Grenzen. Das bedeutet zweierlei: offene Grenzen zwischen letztlich allen Staaten, auch außerhalb des Westens, und für alle ihre Bürgerinnen.* Offene Grenzen heißt, dass Menschen ohne Visum – oder mit einem an der Grenze ausgestellten Visum – in andere Staaten einreisen können und sich in diesen Staaten niederlassen dürfen, solange sie nieman-

* Ich verwende im gesamten Text in beliebigem Wechsel sowohl die männliche als auch die weibliche Form, wenn das Geschlecht von Personen unbekannt ist. Das hat den Vorteil der Einfachheit und schließt erkennbar alle Geschlechter mit ein.

dem Schaden zufügen. Das klingt utopisch und ist auch so gemeint. Aber wer diese Utopie zurückweist, läuft Gefahr, sich an ihre hässlichen Alternativen zu gewöhnen.

Es gibt zwei solche hässlichen Alternativen: eine Welt geschlossener Grenzen für alle und eine Welt offener Grenzen für nur wenige. Die erste Welt wäre furchtbar, würde aber immerhin die Gleichbehandlung der Bürger aller Staaten sicherstellen, deren Reise- und Niederlassungsfreiheit auf einem vergleichbar niedrigen Niveau eingefroren würde. Die Coronapandemie hat uns einen Vorgeschmack davon gegeben. Plötzlich durften auch die Deutschen mit ihren roten Reisepässen, die ihnen bis dahin den Zugang zur ganzen Welt öffneten, nicht einmal mehr nach Österreich, Holland oder Mallorca fahren, ja nicht einmal in ein anderes Bundesland. Eine Zeit lang und ganz plötzlich war die Welt sehr klein geworden.

Noch schlimmer wäre freilich eine Welt, in der das Recht auf Bewegungsfreiheit dauerhaft ungleich verteilt wäre. Und es ist diese Welt, die zunehmend Wirklichkeit wird. Der Grad der Bewegungsfreiheit oder, wie die Soziologin Anja Weiß sagt, der sozial-räumlichen Autonomie hängt heute maßgeblich vom Zufall der Geburt sowie vom Vermögen einer Person ab. Wer in Ländern wie Deutschland, der Schweiz oder Österreich geboren wurde, kann sich, wenn nicht gerade eine Seuche ausgebrochen ist, nahezu weltweit nach Jobs umschauen, weltweit Beziehungen pflegen und darüber nachdenken, ob man in den Ferien in der Südsee mit Haien tauchen, in Japan Skifahren oder doch lieber in den Bergen Kirgisiens wandern möchte. Nur die Bürger einiger weniger Staaten können für sich die globale Ausdehnung des Menschenrechts auf Bewegungsfreiheit realisieren, während der Rest der Menschheit festsitzt.[1]

Was das bedeutet, kann man am »Global Passport Index« ablesen, einer kommerziellen Webseite, die den Wert von Reisepässen nach der Zahl der Staaten bewertet, in die man mit ihrer

Hilfe visafrei einreisen kann. Deutschland, Dänemark und Schweden befinden sich ganz oben auf der Liste, während ganz unten Länder wie Afghanistan, Irak oder Nigeria stehen.[2] Die Wertlosigkeit vieler Pässe im internationalen Verkehr wird noch verschärft durch die organisierte Willkür von Konsularbeamten, die bei der Vergabe von Visa über einen beträchtlichen Ermessensspielraum verfügen. Jüngere, relativ mittellose Antragstellerinnen im globalen Süden, die sich nicht mit der Bürokratie auskennen, haben kaum eine Chance, die für ihre Reisepläne entscheidenden Stempel, Unterschriften und Dokumente zu bekommen. Die Situation wird noch dadurch verschärft, dass eine globale Elite sich Aufenthaltstitel und Staatsbürgerschaften völlig legal einfach kaufen kann, während für andere selbst die eigene Staatsbürgerschaft ein hohles Versprechen auf Teilhabe am eigenen Gemeinwesen bleibt.

Warum die Rede von einer Utopie? Weil die Idee offener Grenzen immer noch – obwohl es immerhin die Europäische Union gibt – auf rechtlich oder psychologisch tief verankerte Vorstellungen von eigensinnigen Völkern, souveränen Staaten und ganzheitlichen Kulturkreisen trifft. Sie rebelliert gegen den vermeintlich gesunden Menschenverstand sowie gegen die sorgfältig kultivierte Angst vor denen, die hinter den hohen Mauern leben, die moderne Staaten zur Abwehr irregulärer Einwanderer gebaut haben. In diesem Sinne sind offene Grenzen utopisch. Anders jedoch als ältere literarische Utopien habe ich nicht vor, den Plan für eine perfekte Gesellschaft zu präsentieren, in der es keine echten Konflikte mehr gibt, sondern nur noch unterhaltsame Reibereien. Von einer solchen Utopie soll hier ausdrücklich nicht die Rede sein.

Warum ist eine Utopie offener Grenzen notwendig? Weil die Welt so, wie sie im Moment aussieht, nicht akzeptabel ist. »Die Gewalt an den Grenzen und durch Grenzen«, schreibt der kamerunische Philosoph Achille Mbembe, »ist zu einem der

Hauptmerkmale unserer Zeit geworden«.[3] Besonders an den Grenzen der vermeintlich freien Welt wird viel gestorben. Um das zu ändern, muss die Debatte über die Regelung globaler Mobilität radikal neu geführt werden. Nur offenere Grenzen können das massenhafte Leid abwenden, das die Grenzregimes der Gegenwart produzieren, die immer mehr zu Todesstreifen und militärischen Einsatzgebieten werden. Von Anfang 1996 bis März 2020 sind mindestens 75 000 Menschen bei dem Versuch, in ein anderes Land zu gelangen, qualvoll ums Leben gekommen, im Mittelmeer ertrunken oder in Wüsten verdurstet. Die Dunkelziffer ist erheblich höher.[4]

Viele von denen, die nicht unterwegs starben, wurden auf der Flucht gekidnappt oder, wie in Libyen, als Sklaven verkauft. Noch mehr starben zu Hause, weil sie sich eine Abwanderung nicht leisten konnten oder über keine ausreichenden Kontakte verfügten, um abzuhauen. Die flüchtlingsfeindliche Regierung des famosen, inzwischen abgewählten Donald Trump in den USA hat in jüngerer Zeit eine Situation geschaffen, die Schwarze und Muslime aus Somalia, Eritrea, Ghana, Nigeria, Haiti oder Dschibuti dazu bewogen hat, sich auf den Weg durch die Bundesstaaten Minnesota oder New York zur amerikanisch-kanadischen Grenze zu machen, weil sie in den USA bei Asylverfahren kein Gehör fanden oder von Abschiebung bedroht waren. Einige von ihnen sind unterwegs an Unterkühlung gestorben oder haben Finger und Zehen durch Frost verloren.[5]

Dieses unnötige Leid wird oft heruntergespielt. Die Leichen an den neuen Todesstreifen werden als Kollateralschaden einer alternativlosen Politik betrachtet, als Unfallopfer oder als Opfer von kriminellen Schleusern. In Leserbriefen rechter Zeitungen heißt es oft, dass die Migranten selbst schuld seien. Warum steigen sie auch in diese Schlauchboote. Warum bleiben sie nicht da, wo sie hingehören. So wird die Aufmerksamkeit von dem

Preis abgelenkt, den andere für die Migrations- und Grenzschutzpolitik wohlhabender Länder zahlen müssen.

Hinzu kommt noch etwas anderes: Je unüberwindbarer Grenzen sind, desto mehr werden diejenigen, die draußen bleiben sollen, zur Projektionsfläche von Angst- und Gewaltphantasien. Alle Mittel scheinen recht zu sein, um die »Barbaren« von den Toren der »Zivilisation« fernzuhalten. Im März 2020 wurde bekannt, dass Griechenland nicht nur geschlossene Lager betreibt, in denen Migrantinnen unter unmenschlichen Bedingungen festgehalten werden, sondern auch geheime Gefängnisse, sogenannte *black sites*, die keinerlei rechtlicher Kontrolle unterliegen. Wir haben in den vergangenen Jahren gelernt, dass die Staaten der Europäischen Union in Libyen Milizen finanzieren, die afrikanische Migranten in Lagern foltern oder als Geiseln festhalten, um Schutzgelder von Verwandten zu erpressen. Derweil haben Flüchtlinge in Lateinamerika lange Zeit versucht, in Mexiko auf einen Güterzug in Richtung USA zu springen, den sie *La Bestia* nennen, weil immer wieder Menschen von dem fahrenden Zug stürzen und dabei zu Tode kommen oder verstümmelt werden. Wer es dennoch über die Grenze schafft und vielleicht mit seiner Familie reist, dem kann es passieren, dass er oder sie in die Fänge der US-amerikanischen Grenzpolizei gerät, die im Frühjahr 2018 dazu überging, irregulär einreisende Familien zu trennen. Daraufhin gingen Bilder von Kindern in Käfigen um die Welt, von denen einige sogar zur Adoption freigegeben werden sollten. In Europa und den USA gibt es inzwischen eine ernsthafte öffentliche Debatte darüber, ob die Flüchtlingslager, für die westliche Länder verantwortlich sind, »Konzentrationslager« genannt werden dürfen oder »nur« den Internierungslagern des Vichy-Regimes im besetzten Frankreich während des Zweiten Weltkriegs ähneln.[6]

Die globale Abwehr von Einwanderern richtet sich nicht nur gegen die da draußen, sondern auch gegen diejenigen, die es bereits ins Innere der euroamerikanischen Wohlstandszone geschafft haben. Wer Chinesen, Afrikanerinnen oder Muslime nicht ins Land lassen möchte, wird im nächsten Schritt darüber nachdenken, wie er die Chinesinnen, Muslimas oder Afrikaner, die bereits zur eigenen Bevölkerung dazugehören, wieder loswird und ihrer Rechte beraubt. Wer den Gedanken aufgibt, dass sich im Prinzip jeder Mensch durch Einwanderung und Einbürgerung dem eigenen Volk anschließen kann, zerlegt dieses Volk in echte und unechte Bürger, Rechtssubjekte und rechtlose Untertanen. Das hat Tradition. So sprach der einflussreiche französische Nationalist und Antisemit Charles Maurras nach dem Ersten Weltkrieg von echten Franzosen und bloßen Papierfranzosen (*Français de papier*), so wie man auch heute wieder von »Papierdeutschen« spricht, die angeblich nicht wirklich dazugehören. Geschlossene Grenzen sind nicht zu haben ohne eine Ideologie der Ungleichheit.

Schroffe Abgrenzungen nach außen pflanzen sich im Innern der Gesellschaft und in den Köpfen fort. Das war auch früher schon so in der europäischen Geschichte. Nachdem der spanische Klerus im ausgehenden 16. Jahrhundert von den Indianern und Wilden in Amerika gehört und sie zu fürchten gelernt hatte, gewann er zunehmend den Eindruck, dass auch die eigenen Bauern und einfachen Leute irgendwie den Indianern glichen.[7] Auch heute werden »sichere«, das heißt geschlossene Außengrenzen nicht zufällig von denjenigen gefordert, die ebenso energisch für die Schließung anderer Grenzen von Zugehörigkeit und sozialer Mobilität eintreten und das Volk auf einen Stamm reduzieren möchten. Umgekehrt folgt daraus, dass die Utopie offener Grenzen notwendig ist, weil ohne sie die Demokratie selbst in Gefahr gerät.

Schließlich ist die Utopie offener Grenzen notwendig, um eine Orientierung für die Unzufriedenen zu schaffen. Wenn die Welt in einem inakzeptablen Zustand ist, brauchen wir die

Utopie eines künftigen Soll-Zustands, für den es sich zu streiten lohnt. »Müssen wir nicht mal wieder größer denken?«, fragt ganz zu Recht die Journalistin Ferda Ataman.[8] Utopien sind auch heute, in einem gründlich desillusionierten Zeitalter, eine unersetzliche Energiequelle. Anders als die totalitären Utopien des 20. Jahrhunderts soll aber die Utopie offener Grenzen den Menschen nicht aufgezwungen werden. Vielmehr beansprucht diese Utopie, die Menschen so zu nehmen, »wie sie sind oder bald werden können«.[9] Die Einzelnen sollen selbst entscheiden, wo und wie sie leben wollen.

Die klassischen Einwanderungsländer, allen voran die Vereinigten Staaten von Amerika, haben vor langer Zeit mit der Idee gebrochen, dass die Demokratie ein Volk innerhalb geschlossener Grenzen voraussetzt. Die USA wurden als eine weiße Siedlerkolonie gegründet, auf Kosten bereits Einheimischer und verschleppter afrikanischer Sklaven. Zugleich aber haben sie das Versprechen relativ offener Grenzen gegeben und auch lange Zeit eingelöst. Das hat im Lauf des 20. Jahrhunderts Millionen von Flüchtlingen und Exilanten das Leben gerettet. Bis vor kurzem galt »Amerika« ganz selbstverständlich als das ferne Land, in das man zur Not immer noch fliehen konnte, wenn daheim alle Stricke reißen: das Land der letzten Zuflucht. Auch wenn sich das inzwischen geändert hat, wahrscheinlich unwiderruflich, lohnt es sich doch, an dieses Versprechen zu erinnern und es woanders zu erneuern.

Denken wir an die amerikanische Freiheitsstatue. Lady Liberty, wie sie genannt wird, stellt die römische Göttin der Freiheit dar und blickt nach draußen in Richtung des offenen Meeres. Welchen Eindruck mag sie wohl auf Millionen von Einwanderern gemacht haben, die sich auf Schiffen der amerikanischen Ostküste näherten? Zumal die neoklassizistische Statue, die in ihrer Rechten eine Fackel hält, nach ihrer Errichtung einige Jahre als Leuchtturm für ankommende Schiffe fungierte.

Wer von weither übers Meer kam und die Freiheitsstatue sah, wusste, dass er es fast geschafft hatte. Viele mochten zudem von dem berühmten Gedicht »The New Colossus« (1883) gehört haben, das die amerikanische Dichterin Emma Lazarus verfasst hatte und das später in die Bronzetafel im Sockel der Freiheitsstatue eingraviert wurde: »Give me your tired, your poor, / Your huddled masses yearning to breathe free, / The wretched refuse of your teeming shore …« [Gebt mir eure Müden, eure Armen, / Eure geknechteten Massen, die frei zu atmen begehren, / Den elenden Unrat eurer gedrängten Küsten …]. Nicht umsonst diente die Freiheitsstatue als Kulisse in Filmen wie Charlie Chaplins *The Immigrant* von 1917.

Falls es mit den Vereinigten Staaten von *Europa* noch einmal etwas werden sollte, würde es uns gut zu Gesicht stehen, ebenfalls eine Freiheitsstatue zu errichten, vielleicht im Mittelmeer vor Sizilien. Möchte nicht auch Europa für die Welt außerhalb seiner Grenzen, insbesondere die afrikanische Postkolonie, ein Versprechen bereithalten? Oder ist Europa immer noch einem kolonialen Denken verhaftet, das die Feindseligkeit gegenüber den ehemals Kolonisierten auf die heutigen Migranten überträgt? Tatsächlich scheint dies die grimmige Botschaft Europas an den globalen Süden zu sein: »Ihr Müden, ihr Armen, ihr geknechteten Massen, die frei zu atmen begehren, Verdammte und Ausgestoßene an den gedrängten Küsten da draußen – *bleibt wo ihr seid. Denn ihr gefährdet unsere Freiheit und unseren Wohlstand.*«

Damit sind wir im Herzen der Debatte angekommen. Zahllose Politiker und Intellektuelle fordern, keine oder möglichst wenige Flüchtlinge anzuerkennen und besonders Muslime und Armutsmigranten auszuschließen. Charlie Chaplins Protagonist in dem oben genannten Film, der sich als »hungrig und pleite« bezeichnet, hätte da schlechte Karten. Wenn es nach dem Willen vieler reicher Staaten und ihrer Eliten ginge, würde die Welt nach dem Vorbild einer Ständeordnung organisiert. Welche Rechte jemand hat, wäre abhängig vom Besitz. Im Gegensatz dazu wirbt dieses Buch für die inzwischen unzeitgemäße Idee gleicher Rechte für alle weltweit. Das würde heißen: offene Grenzen als Perspektive und Leitmotiv jeder Migrationspolitik.

Dabei ist zu beachten, dass offene Grenzen nicht dasselbe sind wie überhaupt keine Grenzen. Maximal offen sind die Grenzen zwischen den europäischen Mitgliedsstaaten des Schengenraums. Dass wir von Aachen nach Belgien oder in die Niederlande radeln oder in den bayerischen Alpen nach Österreich wandern können, ohne irgendwo angehalten und kontrolliert zu werden, heißt nicht, dass die betroffenen Länder ihre territorialen Grenzen aufgegeben hätten. Offene Grenzen sind solche, die im Notfall auch geschlossen werden *könnten*, zum Beispiel um im Vorfeld eines Fußballspiels Hooligans aus dem Nachbarland zu stoppen oder die Ausbreitung einer Seuche zu verlangsamen.

Das Problem sind nicht territoriale Grenzen als solche, sondern Grenzregimes, die sich systematisch gegen einen großen Teil der Menschheit richten, dem ohne vernünftigen Grund die Freizügigkeit verwehrt wird. Das sind typischerweise Menschen, die anders aussehen als die meisten Europäer, die zu anderen Göttern beten oder einfach nur ärmer sind als der europäische Durchschnitt. Selektive Grenzregimes müssen nach und nach zugunsten weniger selektiver, weniger diskriminierender Migrationsregeln abgebaut werden. Mehr Einwanderung mag kurzfristig die Folge einer solchen Öffnungsprogrammatik sein. Sie ist aber nicht ihr Zweck. Der Zweck der allmählichen und wohlüberlegten Öffnung von Grenzen ist die Sicherung von Freiheit und Gleichheit für alle, egal wo sie herkommen oder hinwollen.

Kapitel 1

# JEMAND HAT DIE ABSICHT, EINE MAUER ZU BAUEN

## Migration und Migrationsangst in der neuen Weltordnung

Die großen Tore werden geschlossen und verriegelt. Ich versuche den Feldwebel der Wache zu überreden, dass er die Fischersleute hereinlässt. »Sie sind in Todesangst«, sage ich. Wortlos dreht er mir den Rücken zu. Über unseren Köpfen stehen die Soldaten auf den Stadtmauern, die vierzig Männer, die zwischen uns und der Vernichtung postiert sind, und starren hinaus über den See und in die Wüste.[1]

*J. M. Coetzee, Warten auf die Barbaren*

Die Bilder ähneln sich und strömen in schneller Abfolge auf uns ein: Ein junger oder mittelalter Mann, weiß, ledig und, wie wir später erfahren, sexuell frustriert, stürmt mit Pistolen oder einem Maschinengewehr in einen Supermarkt in El Paso, Texas, in eine Moschee in Christchurch, Neuseeland, in eine Synagoge in Pittsburgh oder in eine Shisha-Bar in Hanau und tötet in kurzer Zeit so viele Menschen, wie er kann – bis er festgenommen oder erschossen wird oder sich selbst richtet. Vorher war er viel im Internet unterwegs, wo er seinen Hass auf Flüchtlinge, Schwarze, Latinas, Muslime, Jüdinnen oder Ausländer aller Geschlechter und Altersgruppen ins Maßlose verstärkte. In einem Pamphlet erklärte er vor der Tat, dass die von ihm aufgesuchten Opfer einer feindlichen, verschworenen Gruppe angehören und eine Lebensgefahr für das eigene »Volk«

darstellen. In dem Pamphlet werden Begriffe aufgenommen, die aus der Sprache der legalen Politik oder sogar der Regierung bekannt sind. Von Migranten als »Invasoren« oder von der drohenden »Umvolkung« ist die Rede.

So die wiederkehrenden Nachrichten über Angriffe auf Menschen, die aussehen oder sprechen, als seien sie von irgendwoher eingewandert. Die Angriffe folgen einem Muster mit hohem Wiedererkennungswert. Ebenso eingespielt sind die Reaktionen der Öffentlichkeit auf diese Taten. Die einen sprechen wortreich davon, wie »sprachlos« sie seien, und behaupten, dass der Angriff »uns allen« gegolten habe, während er in Wirklichkeit nur den Mitgliedern ganz bestimmter Minderheiten galt, die von der Mehrheit und vom Staat nicht geschätzt und folglich auch nicht ausreichend geschützt werden. Andere zeigen Verständnis für den Hass oder offene Schadenfreude.

Keineswegs sprachlos sind in der Regel die Überlebenden der Anschläge sowie die Angehörigen und Freundinnen der Opfer, die mit jeder abgefeuerten Kugel mitgemeint waren. Nach einem Massaker im August 2019 an irgendwie südamerikanisch aussehenden Kundinnen in der Cielo Vista Mall in El Paso machten sich in den Einwanderermilieus der USA Angst und Wut breit. Rasch fanden diese Emotionen eine Sprache. »Werde ich der Nächste sein?«, fragten sich Latinos wie zum Beispiel Andrew Torres, ein 24-jähriger Absolvent der Universität in El Paso: »*Will I be next?*«[2] Die gleiche Frage konnte man ein halbes Jahr später auf einer Demonstration nach einem rassistischen Anschlag in Hanau hören. »Bin ich vielleicht die Nächste, weil ich schwarze Haare habe?«

Rassistische Massaker in den USA oder in Deutschland sind bei all dem nur die Spitze des Eisbergs. Im Jahr 2017, für das die deutsche Polizei erstmals Daten zur Gewalt gegen Muslime gesammelt hat, gab es mindestens 950 Angriffe auf Moscheen und andere muslimische Einrichtungen, darunter Brandanschläge, Morddrohungen, Hassbotschaften auf Hauswänden, Angriffe auf Frauen, die ihr Haar bedecken, oder die Entweihung von Gebetsräumen mit Schweineblut.[3] Ist es das, was passiert, wenn die Grenzen geöffnet werden und immer mehr Migranten »zu uns« kommen? Sind Spaltung und Zerfall der Gesellschaft eine Konsequenz von Einwanderung? Droht gar ein neuartiger Bürgerkrieg, der sich langsam zusammenbraut aus verstreuten Gewalttaten, wachsendem Misstrauen und einer verrohten öffentlichen Sprache?

Nach dem Blutbad an Besuchern einer Shisha-Bar in Hanau im Februar 2020 kommentierte Michael Klonovsky, ein bekannter Redenschreiber der AfD, dass der »Bürgerkrieg zwischen ethnisch-kulturell auf einem Territorium zwangsvermischten Gruppen« das vorhersehbare Ergebnis jeder Politik sei, die die »Aufnahme von Fremden« übertreibe. Die Präsenz der Fremden »kitzelt aus Menschen, die diesem verantwortungslosen Experiment ausgesetzt werden, einen der elementarsten Instinkte heraus: das Revierverhalten«.[4] Die Fremden – das sind die, die zu *anders* sind und von denen es zu *viele* gibt; folglich müssen sie weg. Das Denkmuster, das dieser Sprache zugrunde liegt, folgt zwar keinem Instinkt, ist aber tatsächlich alt und begleitet die globale Migrationsgeschichte wie ein konstantes Störgeräusch im Hintergrund. Wenn wir genau hinhören, bemerken wir einen unauffälligen Wechsel zwischen Argumentation und Drohung. Es ist wie in Gangsterfilmen, in denen der Schutzgelderpresser sagt: »Wenn du nicht zahlst, wird es Ärger geben.« Der Angesprochene weiß, dass der Erpresser hier nicht einen objektiven Kausalzusammenhang beschreibt, sondern etwas anderes meint: »Wenn du nicht zahlst, *mache* ich Ärger.« Das ist kein Argument, sondern eine Drohung.

Die neurechte Migrationskritik, die sich gegen offenere Grenzen ausspricht, versteckt sich hinter falschen Tatsachenbehauptungen. Der Rassismus wird als eine normale, vorhersehbare Reaktion auf Migration dargestellt. Wenn dies wahr wäre und Menschen instinktiv wie Wölfe ihre Reviere gegen Eindringlinge verteidigen würden, wäre es tatsächlich verantwortungslos, »revierfremde« Individuen in den menschlichen Wolfsgebieten auszusetzen. Aber den konstruierten Kausalzusammenhang gibt es nicht. Der Rassismus ist keine natürliche, vorprogrammierte Reaktion auf Migration, sondern eine formbare Haltung. Er beruht auf einer bestimmten Art, die Wirklichkeit der anderen zu lesen.

Der genannte Redenschreiber ist nur einer von vielen, die einen kausalen Zusammenhang zwischen der Öffnung von Grenzen – oder auch nur der Rettung von Migrantinnen im Mittelmeer – und der wachsenden, oft geradezu hysterischen Abwehrhaltung gegenüber Einwanderern und Geflüchteten in der Bevölkerung nahelegen. Wer für offene Grenzen für alle eintritt, vermehrt demnach unabsichtlich die Zahl derer, die für geschlossene Grenzen eintreten. Die Migrationskritik deutet jedes kriminelle Vergehen eines Asylbewerbers, jede Rangelei zwischen nordafrikanischen Jugendlichen und Bademeistern im Freibad, jede verschleierte Frau auf der Straße als ein Zeichen an der Wand, das vom kommenden großen Krieg der Kulturen kündet – um im nächsten Schritt diese Deutung dem Publikum als die einzig richtige vorzutragen.

Diese Art der Migrationskritik ist beunruhigend realitätsfern und manchmal geradezu abergläubisch. Ich erinnere an den Bundestagsabgeordneten, der sich vor einiger Zeit über ein bekanntes Modehaus in Stuttgart beschwerte. Der Grund: In den Schaufenstern des Hauses waren Puppen mit Kopftüchern zu sehen – modische Kopftücher, wie sie einst Sophia Loren im Cabrio trug. Für den bedauernswerten Abgeordneten waren die ausgestellten Schaufensterpuppen allerdings keine harmlosen Werbemittel, sondern ein besonders perfides Medium der schleichenden »Islamisierung« Deutschlands und Europas.

Überall sehen manche Menschen »Zeichen« des kommenden Unheils. Die vermeintliche Islamisierung ist dabei keineswegs das einzige Gespenst, das durch abendländische Köpfe geistert. Französische Intellektuelle wie Alain Finkielkraut warnen bereits vor der nicht minder großen Gefahr einer »Afrikanisierung Europas«.[5]

Der paranoide Euro-Nationalismus, der von solchen Gespenstern umgetrieben wird, ist *eine* Antwort auf die tiefe Unsicherheit und den fehlenden Konsens unserer Gesellschaften in der Frage des Umgangs mit Migration und Asyl. Eine andere Antwort ist der strikte Humanitarismus der Befürworter einer Seebrücke über das Mittelmeer und anderer Pro-Asyl-Aktivistinnen. Weißer, »identitärer« Nationalismus und weltbürgerlicher Humanitarismus sind Neuorientierungen in einer Gesellschaft, deren Mitglieder sich jedoch mehrheitlich noch nicht sicher sind, was sie überhaupt wollen sollen.

## EINE KRITISCHE ÜBERGANGSPHASE

Die Ausgangsdiagnose lautet, dass sich die Einwanderungsgesellschaft, die das offizielle Deutschland und Europa sein wollen, in einer Orientierungskrise befindet. Eine Orientierungskrise entsteht nicht schon dann, wenn eine Person oder eine Gesellschaft unsicher ist, wie sie ein gestecktes Ziel erreichen soll. Um von Krise zu sprechen, genügt es auch nicht, dass jemand sich seiner Ziele unsicher ist oder mehrere Ziele gleichzeitig verfolgen will, wie wir es alle tun, wenn wir Beruf und Familie oder Freizeitspaß und Umweltschutz unter einen Hut bekommen möchten. Vielmehr entsteht eine Orientierungskrise erst dann, wenn die Grundlagen und Maßstäbe verloren gegangen sind, die man braucht, um überhaupt eine Abwägung von Werten, Zielen oder Idealen vornehmen zu können. Das

Resultat ist eine tiefe Verunsicherung, wie sie der österreichische Schriftsteller Robert Musil am Beispiel von Ulrich, dem Protagonisten seines Romans *Der Mann ohne Eigenschaften*, dargestellt hat. Ulrich ist zu Beginn des Romans ein Mann, der in all seiner Geschäftigkeit kein Ziel mehr sieht und sich irgendwann fragt, welche Absicht er eigentlich gehabt habe. Oder, noch radikaler, wer er eigentlich sei. Folglich beschließt er innezuhalten und »sich ein Jahr Urlaub von seinem Leben zu nehmen«, um sich neu auszuprobieren und neu zu erfinden.[6] Diese Option einer kreativen Auszeit haben politische Gemeinwesen leider nicht, auch wenn sie – wie Ulrich – ebenfalls Phasen akuter Desorientierung durchlaufen.

Dabei schien zunächst alles ganz klar zu sein. Nach Jahrzehnten der Realitätsverweigerung bekannte sich das offizielle Deutschland Anfang dieses Jahrhunderts endlich dazu, ein normales, wenn auch kein »klassisches« Einwanderungsland zu sein.[7] Spätestens mit dem Zuwanderungsgesetz von 2005 und der Neuregelung sämtlicher Bestimmungen der Migrations- und Integrationspolitik sowie des Aufenthaltsrechts von Nichtdeutschen ist Deutschland auch rechtlich ein Einwanderungsland. Das war gewiss ein zumindest bescheidener Fortschritt. Bundeskanzler Helmut Kohl hatte noch im Jahr 1982 laut darüber nachgedacht, wie man die Hälfte der Türken in Deutschland wegen ihrer »andersartigen Kultur« wieder aus dem Land hinausschaffen könnte.[8] Die späte Einsicht, dass »die Türken« in Wirklichkeit Einwanderer waren, deren Zugehörigkeit zum nationalen Kollektiv man zu akzeptieren hatte, war ein Fortschritt. Immerhin waren die politischen Eliten zu der Einsicht in die wirtschaftliche und demographische Notwendigkeit von Einwanderung gelangt und sagten das auch öffentlich.

Nicht geklärt wurde allerdings die Frage, wie sich die Gesellschaft im Zuge der Einwanderung verändern würde und welche berechtigten Hoffnungen und Ängste die Bürgerinnen mit dieser Veränderung verbinden könnten. Das Resultat dieser mangelnden Klärung ist eine Gesellschaft, die nicht recht weiß, wohin sie will. Eine Gesellschaft ohne Eigenschaften, könnte man in Anlehnung an Robert Musil sagen. Eine Gesellschaft, die als ganze weder eindeutig rassistisch noch eindeutig offen ist, weder grausam noch mitfühlend und solidarisch.

Der Desorientierung in den Köpfen entspricht eine Uneindeutigkeit der Welt. Wir leben in einer kritischen Übergangsphase der globalen Migrationsgeschichte, in der wir, hier und jetzt, die Gelegenheit haben, entweder eine neue, freiere Ordnung zu schaffen – oder aber eine Welt zu betreten, in der nur noch das Recht des Stärkeren gilt. Solche Übergangsphasen, in denen das Verhältnis von staatlicher Souveränität und globaler Mobilität neu ausgehandelt wurde, gab es auch früher schon. In allen diesen Phasen ging es immer darum, bestimmte Arten von Mobilität und Migration einzuschränken, andere aber zu fördern.[9] So hat sich in Europa im Anschluss an den Westfälischen Friedensschluss von 1648 die Norm staatlicher Souveränität als Ordnungsprinzip gegen ständische und kirchliche Herrschaftsansprüche durchgesetzt. Aus dieser Norm wurde das Recht von Staaten abgeleitet, »Fremde« zu identifizieren und an der Grenze abzuweisen oder abzuschieben. Fremde konnten auch die eigenen Untertanen sein, deren Bewegungsfreiheit überwacht und eingeschränkt wurde. Diesem Recht des Staates wurde nach und nach das Recht auf Auswanderung und auf religiöses Exil zur Seite gestellt.

Interessant wurde es je nach Weltregion aber erst in einer zweiten Phase, in der Staaten auch die Fähigkeit erwarben, ihr Recht auf Einreisekontrollen praktisch geltend zu machen. Den Anfang machten Quarantänegesetze in Australien und Neuseeland, die in den dreißiger Jahren des 19. Jahrhunderts eingeführt wurden, um die Einschleppung der Cholera und anderer Seuchen abzuwehren. Europäische Staaten und ihre Kolonien gingen dazu über, den grenzüberschreitenden Personenverkehr durch die Einführung von medizinischen Tests, Sprachprüfungen oder anderen Selektionsverfahren zu kanalisieren. Zudem wurden Reisepässe eingeführt und der Tatbestand des illegalen Grenzübertritts. Grenzen waren nicht länger nur Raumteiler, sondern, im Zeitalter des Nationalismus, auch symbolische Linien, mit deren Hilfe man die Welt in geschätzte und weniger geschätzte Menschengruppen einteilte. Erst jetzt wurde Einwanderung langsam zu einem öffentlich debattierten Problem, zu einem Auslöser heftiger politischer Leidenschaften und einem Gegenstand des Regierungshandelns.

Eine dritte Phase ist die Zeit zwischen den Weltkriegen, als erstmals rassistische Diskriminierung zu einem Bestandteil der Einwanderungskontrolle wurde. Das US-amerikanische Einwanderungsgesetz von 1924, das die Einwanderung von Asiaten ausdrücklich unterbinden sollte, bildet eine wichtige Wegscheide. Soziologen, Geopolitiker und Eugeniker beschworen damals eine globale *color line*, eine »Farbengrenze« zwischen dem »weißen« Norden und dem »gelben«, »braunen« oder »schwarzen« Süden der Erdkugel. Einwanderung und Mobilität waren zwar weiterhin erwünscht, aber es galt nicht mehr der Grundsatz der Gleichbehandlung aller Menschen.[10]

Die kurze Epoche des europäischen Faschismus bildet eine eigene vierte Phase. Die Tatsache, dass diese grausame Unordnung scheiterte, bedeutet nicht, dass auch die mentalen Grundlagen des Faschismus verschwunden wären. Bis zum Faschismus hielten die meisten Staaten im Interesse des Welthandels daran fest, dass globale Mobilität im Prinzip etwas Gutes sei. Maßnahmen zur Einschränkung und Kontrolle von Einwanderung dienten dem Ziel, Personen, die aus irgendwelchen Gründen als unerwünscht galten, vor dem Grenzübertritt zu identifizieren und auszuschließen. Besonders der Nationalsozialismus ging anders vor, indem er die freiwillige Ein- und Auswanderung durch Vertreibung, Verschleppung, Zwangsumsiedlung und schließlich Völkermord ersetzte. Selbst dieses Regime hat ein Migrationssystem geschaffen, das bestimmte Formen von (Zwangs-)Mobilität förderte. Dasselbe gilt für den Stalinismus. Die kommunistischen Regierungen in Osteuropa haben nach dem Zweiten Weltkrieg alles dafür getan, durch Vertreibung, Zwangsassimilation und die strikte Kontrolle von Ein- und Auswanderung Gesellschaften zu formen, die der polnische Anthropologe Michał Buchowski »superhomogen« nennt.[11]

Von großer Bedeutung für die westliche Welt ist schließlich die Phase der Dekolonisierung nach dem Zweiten Weltkrieg. Diese Phase ist durch widersprüchliche Trends gekennzeichnet. Auf der einen Seite wurde die globale Bewegungsfreiheit innerhalb der zerfallenden europäischen Imperien zwischen Nord und Süd massiv eingeschränkt. So war es von 1948 bis 1962 für die Bürgerinnen der Mitgliedsländer des britischen Commonwealth ein Leichtes, nach Großbritannien einzuwandern, um ein Geschäft zu eröffnen oder in Fabriken, Restaurants, Hotels oder für die britische Bahn zu arbeiten. Schätzungsweise eine halbe Million »nichtweißer« Personen aus den inzwischen unabhängigen Ländern des Empire gelangten auf diese Weise legal nach Großbritannien. Diese Freiheit ging mit dem Ende des Empire verloren. Auf der anderen Seite wurde in den Römischen Verträgen von 1957 erstmals ein Recht auf transnationale Bewegungsfreiheit zwischen den Mitgliedsstaaten Europas festgeschrieben.

Das Schengener Abkommen wiederum zeigt wie in einem Brennglas die Verknüpfung von Freiheit und Unfreiheit. Beispiel Polen: Um als Mitglied des Schengenraums willkommen geheißen zu werden und ihre Bürgerinnen in den Genuss der europäischen Personenfreizügigkeit zu bringen, musste die polnische Regierung 2003 ein neues Ausländergesetz in Kraft setzen. Darin wurde festgelegt, dass Russen, Weißrussen und

Ukrainer, die bisher spontan und ohne viel Umstände nach Polen einreisen konnten, in Zukunft ein Visum brauchen.

Die jüngsten Flüchtlingsbewegungen in Richtung Europa und der lange Sommer der Migration 2015 werfen die Frage auf, ob wir heute wieder einen kritischen Punkt erreicht haben, an dem eine alte Migrationsordnung stirbt, ohne dass eine neue bereits genau zu erkennen wäre. Es wird sich bald zeigen, ob das Recht auf Bewegungsfreiheit graduell auf weitere Staaten und Bevölkerungen außerhalb der Europäischen Union ausgedehnt wird. Sollte diese Gelegenheit verstreichen, wird sich wohl eine Weltordnung verfestigen, die der britische Politikwissenschaftler Stephen Hopgood als »neowestfälisch« bezeichnet hat.[12] Das ist eine Ordnung, in der konkurrierende Staaten nach einer langen Phase multilateraler Kooperation erneut ihre »Souveränität« behaupten und diese rücksichtslos gegen universalistische Normen, internationale Institutionen und nichtstaatliche Autoritäten durchsetzen. Die einseitige und eifersüchtige Kontrolle der territorialen Grenzen – oft ohne Rücksicht auf die Menschenrechte oder internationale Vereinbarungen wie die Genfer Flüchtlingskonvention – ist ein zentrales Merkmal dieser neowestfälischen Ordnung. Ob sich eine solche Ordnung tatsächlich stabilisieren lässt, ist aber noch keineswegs ausgemacht. Die Ausnahmesituation der europäischen Flüchtlingsbewegung seit 2015 hat gezeigt, dass Gesellschaften auf spontane Masseneinwanderung sehr uneinheitlich reagieren. Europa spricht glücklicherweise nicht mit einer Stimme.

Um in dieser Situation weiterzukommen, genügt nicht das Wissen von Experten. Vielmehr muss darüber hinaus ein Orientierungswissen entwickelt werden, das uns über Möglichkeiten, Grenzen, Mittel und Zwecke einer ebenso klugen wie fairen Migrationspolitik informiert. Dazu ist es notwendig, einen Schritt zurückzutreten und die Dinge mit etwas mehr Distanz zu betrachten. Wie sind wir in die Situation geraten, in der wir uns alle – mit oder ohne Migrationsgeschichte, mit oder ohne deutschen Pass – heute befinden? Gibt es erstrebenswerte Alternativen zu einer Demokratie ohne Mauern aus Beton und Vorurteilen und, wenn ja, wie sähen diese eigentlich aus? Wovor genau sollen uns die Zäune und Mauern schützen, die jetzt wieder überall erträumt und auch tatsächlich gebaut werden? Was ist der Preis der Abschottungspolitik, und wer muss ihn bezahlen? Wer sind die Gewinner und Verlierer der weltweiten Wanderungsprozesse? Und wie lässt sich das schleichende soziale Gift, das in den Konflikten um Migration ausgeschüttet wird, neutralisieren? Oder ist es dafür bereits zu spät?

Dies sind für die Zukunft der Gesellschaft zentrale Fragen, die leidenschaftlich diskutiert werden – von Experten ebenso wie von Laien. Was fehlt, ist eine Bestimmung des eigentlichen Zwecks und der Utopie jeder Migrationspolitik in der Demokratie; eine Beschreibung der Hindernisse, die der Verwirklichung dieser Utopie im Wege stehen; sowie ein frischer Blick auf den Status quo der weltweiten Wanderungsbewegungen nicht nur aus der Perspektive der Regierungen, sondern auch aus der Perspektive von Migranten sowie von Menschen, die sich unter Umständen vorstellen könnten, selbst eines Tages zu Migranten zu werden und auszuwandern – und das sind viele von uns.

## DER MENSCH – EINE MIGRANTIN

Für weltweit möglichst offene Grenzen spricht, dass das Verlangen, politisch festgelegte Staatsgrenzen dauerhaft zu überschreiten und woanders zu leben, ein grundsätzliches Freiheitsrecht ist. Der Wille, den Ort zu wechseln, in die Ferne zu schweifen, andere Gegenden zu erkunden und sich bei Gefallen dort niederzulassen, ist etwas zutiefst Menschliches. In Europa hat dies der Philosoph Seneca (4 v. Chr.–65 n. Chr.) in einer Trostschrift an seine Mutter treffend formuliert. Mit feinem Spott wendet er sich gegen die Vorstellung, dass der Mensch ohne »Heimat« (*patria*) nicht leben könne. »So schau dir doch diese Menschenmassen an, für die kaum die Dächer der unermeßlichen Hauptstadt hinreichen: der größte Teil dieser Schar ist heimatlos.« Dies gelte für »alle Städte: es gibt keine, die nicht einen großen Anteil an ausländischer Bevölkerung hätte«. Die Heimat tragen die Menschen im Gepäck oder finden sie jeweils aufs Neue und woanders. »Unaufhörlich ist das Hin-und-Her der Menschheit.«[13] Normal ist für Seneca die Migration, nicht die lebenslange Sesshaftigkeit.

Man kann getrost noch einen Schritt weitergehen und behaupten, dass es ohne Migrationsneigung den Menschen als ein global aktives Gattungswesen gar nicht gäbe. Die Frühgeschichte unserer Spezies, die in der Zeit der Aufklärung als vorpolitischer »Naturzustand« in Szene gesetzt wurde, liefert dazu immer neue Erkenntnisse. So haben Wissenschaftler am Leipziger Max-Planck-Institut für evolutionäre Anthropologie sogar herausgefunden, dass unsere Vorfahren, als sie vor rund 50 000 bis 60 000 Jahren aus Afrika in Richtung Norden wanderten, am östlichen Rand des Mittelmeers auf Neandertaler trafen, mit denen sie gemeinsame Nachkommen hatten. Näher an der Gegenwart, vor ungefähr 4000 Jahren, war es besonders die Mobilität der Frauen, die erstmals für die Schaffung überregionaler Netzwerke und die Verbreitung neuer Metalle wie Eisen und Bronze sorgte, wie die Anthropologin Sandra Lösch von der Universität Bern herausgefunden hat.[14] Der Homo sapiens ist ein Produkt von Migration und Vermischung. Jede moderne Europäerin hat ein wenig von afrikanischen Jägern, westanatolischen Bäuerinnen und eurasischen Hirten mitbekommen. Populationsgenetisch und kulturgeschichtlich betrachtet haben wir alle einen Migrationshintergrund.

Das Resultat globaler Mobilität und Kommunikation ist, dass keine Spezies so homogen ist wie der Mensch. Wir unterscheiden uns von unseren Artgenossen in anderen Teilen der Welt nur durch Merkmale, denen erst wir selbst eine Bedeutung beimessen, zum Beispiel die Hautfarbe oder andere körperliche Eigenheiten. Das ganze Geheimnis des modernen Rassismus liegt darin, dass seine Vertreter von etwas sprechen, das es gar nicht gibt, nämlich menschliche »Rassen«. Erst recht gibt es keine vorgesehenen Gebiete auf der Erde, die willkürlich definierten Menschensorten gehören. Wenn wir von »unserem Land« sprechen, dann kann damit nicht gemeint sein, dass die Bewohner eines bestimmten Ausschnitts der Erdoberfläche die Eigentümer ebendieses Ausschnitts sind. In Europa erinnert man sich an das Alte Testament, in dem es heißt, dass die Erde allen gehört, weil sie eine Gabe Gottes an das Menschengeschlecht sei. Eine Art Allmende, die von den Erdenbewohnern treuhänderisch verwaltet wird.

Für offene Grenzen zu plädieren heißt nicht, dass es überhaupt keine Grenzen geben soll. Es gibt gute Gründe, warum Menschen seit einigen Jahrhunderten eine Vorliebe für institutionelle Flächenstaaten entwickelt haben. Staaten erfordern neben einem souveränen Machtzentrum auch territoriale Grenzziehungen. Lange Zeit ging es in der Geschichte darum, wo genau die Grenzen zwischen Staaten verlaufen und wie ausgedehnt der jeweilige Staat sein sollte. Der Streit darüber befeuerte blutige Kriege, Annexionen und als schmachvoll empfundene Gebietsverluste, die wiederum neue Kriege hervorriefen. Heute geht es in der internationalen Politik nur noch selten um den Verlauf von Grenzen und die Eroberung oder den Erwerb von Territorien – auch wenn Donald Trump unlängst den Dänen Grönland abkaufen wollte. Ernsthaft umstritten ist dagegen die relative Durchlässigkeit von Staatsgrenzen, wobei mich in diesem Buch allein die Durchlässigkeit für natürliche Personen interessieren soll (die freilich verknüpft ist mit der Offenheit für Güter, Daten und Ideen). Dieser Streit um die Freiheit der Einreise und Niederlassung von Personen wird zwischen Staaten, aber mehr noch und viel erbitterter innerhalb von Staaten geführt.

Wenn es stimmt, dass das Bedürfnis nach räumlicher Freizügigkeit gleichsam ein natürliches Recht des Menschen begründet, dann dürfen Staaten dieses Recht nur dann einschränken, wenn die Rechte anderer bedroht sind oder der Staat selbst gefährdet ist. Das ist die erste These des Buches. Allen Menschen muss es erlaubt sein, dem gesellschaftlich produzierten Zustand, in dem sie sich häufig befinden – Armut, Perspektivlosigkeit, politische Verfolgung, Dürre und Hunger –, zu entfliehen, um ein anderes, besseres und ebenfalls mögliches Leben zu beginnen. Die Frage, warum und wohin es sich zu wandern lohnt, sollte so weit wie möglich den Migrationswilligen selbst überlassen bleiben.

Eine zweite These lautet, dass Menschen nicht nur Freiheitsrechte haben, zu denen das Recht auf Bewegungsfreiheit gehört, sondern auch, dass ihnen an ihrer Freiheit *gelegen* ist. Das bedeutet, dass sie bereit sind, sich ihre Freiheit mit allen Mitteln zu nehmen, wenn Staaten sie ihnen vorenthalten. Politische Philosophen haben seit der Renaissance immer wieder Tiervergleiche gewählt, um die Natur des Menschen zu charakterisieren. So schien der Mensch mal Fuchs, mal Löwe und oft ein Wolf zu sein. Aber tatsächlich unterscheidet sich der Mensch ganz grundsätzlich von anderen Säugetieren dadurch, dass er – anders als Füchse und Löwen und Wölfe – kein territoriales Wesen ist, das sich nur innerhalb eines bestimmten Reviers bewegt. Wölfe oder Rentiere wandern manchmal über 1000 Kilometer, um Nahrung oder Fortpflanzungspartner zu finden. Menschen jedoch wandern buchstäblich überallhin, wenn sie nur wollen. Schon Seneca war erstaunt über die Hartnäckigkeit seiner Zeitgenossen, deren Wanderungen quer durch Europa nicht einmal die Pyrenäen aufhalten konnten. Überall, »durch unwegsames, durch unbekanntes Gelände tummelte sich menschliche Wendigkeit [*humana levitas*]«. Und in Bildern, die an jüngere Flüchtlingstrecks erinnern, fügte er hinzu: »Sie schleppten ihre Kinder, Frauen und vom Greisenalter gebeugte Eltern mit [...]; manche Stämme verschlang auf ihrer Fahrt das Meer, manche ließen sich dort nieder, wo sie der Mangel an allen Mitteln abgesetzt hatte.«[15]

In der Moderne haben Menschen extreme Wanderungen auch ohne jede Not auf sich genommen, so als wollten sie Senecas Wort von der »menschlichen Wendigkeit« beglaubigen. Die höchsten Berge im Himalaya wurden von Europäern bestiegen, die gar keinen zwingenden Grund hatten, die Quälerei dieser Expeditionen auf sich zu nehmen. Wie hilflos wirken im Vergleich dazu all die Mauern und biometrischen Erkennungsdienste, mit denen wir uns umgeben, um Menschen abzuwehren, die getrieben von existenzieller Not die Hochplateaus des Westens anstreben. Dieser Entschlossenheit sollten wir nicht mit Angst, sondern mit Sympathie begegnen, und sei es, weil wir selbst es waren – oder unsere Nachbarn oder unsere Vorfahren –, für die irgendwann im vorigen Jahrhundert keine Mauer zu hoch und kein Risiko zu groß war, um sich auf den Weg zu machen.

Neben der Behauptung, dass es ein Freiheitsrecht auf Mobilität und den Wechsel des Wohnortes gibt, sowie der These, dass der Mensch ein Lebewesen ist, dem an diesem Recht gelegen ist, stellt dieses Buch noch eine dritte These auf: Die Verwirklichung umfassender räumlicher Bewegungsfreiheit für alle ist aufs Engste mit der Zukunft der Demokratie verknüpft. Demokratien beruhen keineswegs auf sesshaften »Völkern«, die über sich selbst bestimmen, sondern auf mobilen Einzelnen, die sich eine Vorstellung machen von ihren Völkern, um sich dann mit diesen zu identifizieren oder auch nicht. Gemäß der Utopie offener Grenzen muss sich im Prinzip jeder Mensch auf der Erde jedem »Volk« durch Zuwanderung und Einbürgerung anschließen können, ohne als Fremdkörper oder »Parasit« abgewiesen zu werden. Ebenso muss sich jeder von seinem Volk durch Abwanderung verabschieden können, ohne als Verräter oder Fahnenflüchtiger abgestempelt zu werden. Moderne Staaten haben diese Freiheit immer wieder unterbunden, indem sie in Medien und Schulen den im Kern faschistischen Mythos von Völkern als geschlossenen, ja verschworenen Gemeinschaften verbreitet haben. Die Utopie offener Grenzen ist eine notwendige Schutzimpfung gegen diesen Mythos.

## ZWEI, DREI, VIELE BERLINER MAUERN

Noch einmal: Die körperliche Freiheit, sich über Grenzen hinweg zu bewegen, soll nur dann eingeschränkt werden dürfen, wenn die Rechte anderer bedroht sind oder der Staat selbst gefährdet ist (zum Beispiel in Zeiten von Kriegen oder Pandemien). Die meisten Probleme, die wir im Zusammenhang mit Migration diskutieren, rühren nun allerdings daher, dass die Bedrohung von Rechten und Staaten nicht ebenso objektiv messbar ist wie die Geschwindigkeit oder die Temperatur eines Gegenstands. Vielmehr kann die Befindlichkeit des Bedrohtseins manipulativ erzeugt und geformt werden.[16] Zahlreiche Beiträge in den Medien zur Debatte um die Zukunft der Migration verstärken Gefühle von Angst. Diese Angst aber ist ganz unsinnig und muss einer anderen Haltung weichen. Europa ist und bleibt ein Einwanderungskontinent. Die Vorstellung, dass man Einwanderung beliebig steuern oder gar stoppen könnte, ist illusorisch. Realistisch ist, wer diese Tatsache mit einer gewissen Demut akzeptiert.

Die Perspektive einer allmählichen und wohlüberlegten Öffnung der Grenzen für alle gehört ebenso zur Demokratie wie das Haltungsideal zivilisatorischer Demut oder Bescheidenheit, das uns lehrt, die Dinge und die Menschen so zu nehmen, wie sie sind. Wer die Triebfedern menschlicher Mobilität versteht und akzeptiert, wird den Trend zur Abwehr von Migranten durch immer restriktivere Gesetze, die Verlagerung von Grenzkontrollen in ferne Weltregionen sowie die Befestigung von Staatsgrenzen durch Mauern, Zäune und biometrische Daten nur als Zeichen eines wachsenden Realitätsverlusts deuten können. Ein Sinnbild dieses Realitätsverlusts ist das bizarre Projekt des ehemaligen amerikanischen Präsidenten Donald Trump, eine angeblich undurchdringliche Mauer entlang der Grenze zwischen den USA und Mexiko zu bauen. Im Stadtteil Otay Mesa im Süden von San Diego konnte man im November 2017 die Errichtung von acht Prototypen einer Mauer sehen, die in die engere Auswahl eines Designwettbewerbs kamen, den die Regierung ausgeschrieben hatte. Es wird berichtet, dass alle Modelle sehr beindruckend aussahen. Keines jedoch hielt bei den anschließenden Tests durch Militärexperten den Anforderungen an die erwartete Robustheit stand. Wirklich unüberwindbar war keine der Mauern.[17]

Das amerikanische Beispiel ist besonders schlagend wegen seiner wahnhaften Züge und der immer wieder zur Schau gestellten sinnfreien Grausamkeit des Projekts. Reporter haben aufgezeichnet, wie sich Trump gelegentlich der Phantasie hingab, Migrantinnen aus Lateinamerika beim Grenzübertritt in die Beine schießen zu lassen oder aber Wassergräben entlang der Grenze auszuheben, in denen sie von Krokodilen gefressen werden.[18]

Die fixen Ideen von unübersteigbaren Mauern oder von Gräben, die zu Gräbern werden, reihen sich ein in eine lange Reihe von Grenzschutzprojekten, mit denen sich auch andere

Staaten in der jüngeren Vergangenheit gegen ihre Nachbarn abgegrenzt haben. Sichtbares Symbol der Festung Europa sind Grenzanlagen in Slowenien, Ungarn, Bulgarien, Nordmazedonien, Spanien und Frankreich, deren Zäune aus verzinktem Stahl mit rasiermesserscharfen Widerhaken verstärkt sind. Die Widerhaken sind darauf angelegt, Menschen, die die Zäune übersteigen wollen, zu verstümmeln. Flüchtlingsorganisationen berichten immer wieder von schwerverletzten Migranten, die an den Grenzen verbluten. Berüchtigt ist auch der drei Meter hohe Zaun mit Wärmebildkameras, Nachtsichtgeräten und Bewegungsmeldern, den Ungarns autoritärer Staat an den Grenzen zu Serbien und Kroatien installiert hat. Der ungarische Zaun verfügt über Lautsprecheranlagen, die in einer Endlosschleife vor einem Grenzübertritt warnen, unter anderem auf Arabisch, Urdu und Farsi – den Sprachen der verhassten *Migránsok*, die mit allen Mitteln von Europa ferngehalten werden sollen. Weiterhin gibt es neue Grenzzäune zwischen Israel und Ägypten, Griechenland und der Türkei, Bulgarien und der Türkei, Österreich und Slowenien sowie Griechenland und Nordmazedonien. Ein Teil der Grenze zwischen Tunesien und Libyen wird neuerdings durch einen fünf Meter hohen Zaun befestigt, den die Bundeswehr und eine Abteilung des amerikanischen Verteidigungsministeriums finanziert haben. Elisabeth Vallet und Françoise Conea, zwei kanadische Expertinnen, haben ausgerechnet, dass weltweit an fast 70 neuen Grenzmauern gebaut wird, die, wenn sie fertig sind, zusammen ungefähr 40 000 Kilometer lang sein werden.[19] Das entspricht ziemlich genau dem errechneten Umfang des Äquators. Man stelle sich das vor: eine Mauer einmal rund um die gesamte Erdkugel.

Der amerikanische Juraprofessor Harold Hongju Koh von der Universität Yale fühlte sich schon 1993 an die Errichtung einer »schwimmenden Berliner Mauer« erinnert, als die amerikanische Marine dazu überging, Flüchtlingen aus Haiti den

Seeweg nach Florida abzuschneiden und sie ohne Anhörung zurückzuschicken.[20] Seitdem hat man versucht, solche mehr oder weniger sichtbaren Berliner Mauern auch in der Ägäis, der Sahara und anderen Weltregionen aufzubauen. Oft verlassen sich die Agenturen der Einwandererabwehr auf die tödliche Macht der Naturräume, die Migranten durchqueren müssen, um an ihr Ziel zu gelangen. Dem Mittelmeer ist immer wieder genau diese Funktion zugeschrieben worden. Gestorben wird auch in der Hitze der Sonora-Wüste Arizonas, unter deren Sand eine unbekannte Zahl von Migranten aus Lateinamerika begraben liegt. In Südafrika kursieren Geschichten von Flüchtlingen, die während des Bürgerkriegs im Nachbarland Mosambik und auch danach versucht haben, sich durch den grenznahen Kruger-Nationalpark zu schlagen, vorbei an Wildhütern und Touristen, vor allem aber an Löwen, Nashörnern und giftigen Schlangen. Immer wieder werden Gebeine oder Habseligkeiten von Migranten gefunden, die den Tieren zum Opfer gefallen sind.

## MAUERN IM KOPF

Der Zweck der Grenzregimes besteht weniger in der effektiven Aussperrung von Migranten als in ihrer symbolischen Funktion in nationalen Erzählungen, in denen erklärt wird, wer zum Volk dazugehört und wer nicht. Wer innerhalb der realen oder vorgestellten Mauer lebt, wird aufgewertet, wer draußen bleibt, wird abgewertet. Manchmal ist die Abwertung extrem. In der rechtsradikalen Rhetorik sind Flüchtlinge in den vergangenen Jahren noch unter die Stufe der »Barbaren« gesunken. So waren für den ehemaligen italienischen Innenminister Matteo Salvini die afrikanischen Migrantinnen, die lebend die Küsten Europas erreichten oder tot angeschwemmt wurden, nur noch

»Menschenfleisch« (*carne umana*)[21] – ein Wort aus dem rassistischen Science-Fiction-Roman *Das Heerlager der Heiligen* des Franzosen Jean Raspail über die Invasion des Abendlandes durch halb vertierte Armutsflüchtlinge aus Indien.

Grenzsicherungen sind oberflächlich betrachtet Artefakte, die der Abwehr unerwünschter Personen und Dinge (z. B. Drogen) dienen sollen. Aber genau genommen spiegeln und verkörpern sie nur die Mauern in unseren Köpfen. Es sind Beton und Stahl gewordene Metaphern, die suggerieren, dass etwas getan wird, um die sprichwörtlichen Sorgen und Ängste der braven Bürger zu beruhigen. Irgendetwas müsse man doch gegen die angeblich drohende Invasion unternehmen, gegen die vielen da draußen, die alle »zu uns« kommen wollten. Diese Redensarten, die wir alle kennen, sind irreführend, weil sie allerhand vernünftige Gründe vortäuschen, die es so gar nicht gibt. Die Grenzregimes unserer Zeit beruhen weniger auf guten Gründen und ökonomischen Vorteilen als vielmehr auf dem kollektiven Bedürfnis nach Garanten für eine halluzinierte Identität. Bei den Mauern und Zäunen haben wir es in erster Linie mit Identitätsprothesen zu tun, Placebos zur Behandlung von kollektiven Orientierungskrisen in einer unübersichtlichen Welt. Es sind zudem traurige Zeugnisse des Niedergangs der »freien Welt« oder des Glaubens an sie. Die Zäune werden zu dem Zweck gebaut, dass sich das sogenannte Volk ordentlich umzäunt und mit sich selbst identisch fühlen kann.

Manchmal geht es dabei gar nicht um die Abwehr angeblich gefährlicher, böser, fremder Menschen. So hat das Königreich Dänemark aus Angst vor Wildschweinen, die die Afrikanische Schweinepest einschleppen könnten, entlang der Grenze zu Schleswig-Holstein einen 70 Kilometer langen Stahlgitterzaun gebaut. Wildbiologen schütteln darüber den Kopf und bestreiten den Sinn des Projekts, das von der verängstigten dänischen Ferkellobby, aber eben auch von rechtsnationalen Kräften im

Land gefordert wurde. Dagegen sehen viele Dänen und ihre deutschen Nachbarn in dem Zaun nichts anderes als ein weiteres Symbol der Abschottung Dänemarks.

Ernster wird es, wenn wir nicht von Wildschweinen, sondern von Menschen reden. Da wir nie in ethnisch homogenen Nationen gelebt haben, ist es normalerweise so, dass viele von »denen da draußen«, die hinter den Mauern leben, die wir hochzuziehen versuchen, längst auch »bei uns« sind. Dadurch entsteht ein enormes Verunsicherungspotenzial. Menschen, die einfach nur anwesend sind, erscheinen plötzlich in den Augen mancher als Eindringlinge, die nicht hierhergehören. Waren die Leute in dem Supermarkt in El Paso echte Mexikaner oder US-Amerikaner, die nur mexikanisch aussahen – und für wen macht das überhaupt einen Unterschied? Ist der dunkelhäutige Mann in der Schlange vor mir beim Bäcker, der mit gebrochenem Deutsch ein paar Semmeln bestellt, eine wertvolle IT-Fachkraft »aus Indien« oder nur ein illegaler, »höchstens geduldeter Ausländer«?, fragte sich vor einiger Zeit der FDP-Parteivorsitzende Christian Lindner in einer Parteitagsrede.[22] Solche Fragen werden auch uns nahegelegt: Nach welchen Kriterien sollen wir sortieren, und was machen wir mit den Aussortierten? Werden all diese fremd aussehenden Menschen noch gebraucht – oder können die weg?

Die verbleibenden Demokratien auf der Erde werden sich in absehbarer Zukunft nicht länger durch die Abwertung und Aussperrung des immer größer werdenden Rests der Menschheit definieren können. Der hoffnungslose Versuch, sich durch Mauern vor der Welt da draußen zu schützen, ist selbst Teil des Niedergangs der westlichen Demokratie. Wir werden nicht umhinkönnen, das Zusammenleben mit anderen auf globaler wie auf lokaler Ebene neu zu organisieren und uns besser als bisher miteinander zu verbinden. Das ist notwendig, wenn wir unseren Vorstellungen von der Würde des Menschen und von den Grundlagen einer demokratischen Gesellschaft treu bleiben wollen. Ich behaupte, dass all dies möglich ist. Offenere Grenzen, als wir sie heute haben, sind ebenso wünschenswert wie machbar. Nicht sofort und überall, aber nach und nach und regional abgestimmt. Die Vorstellung von einer Welt mit lauter offenen Grenzen, die man beliebig und in jeweils beide Richtungen überschreiten kann, ist zwar noch für viele Furcht einflößend, weil sie im Widerspruch zu stehen scheint zur Bewahrung von Wohlstand und Sicherheit. Doch zugleich ist sie extrem attraktiv, auf einem Planeten, auf dem wir uns inzwischen jeden beliebigen Ort mithilfe von Google Earth zumindest von oben, aus der Perspektive von Weltraumsatelliten, anschauen können.

Die migrationspolitische Utopie des Zusammenlebens, die in diesem Buch entwickelt wird, besteht nicht in der Wiederherstellung jenes prähistorischen Naturzustands, in dem die Menschen in einer Welt ohne Staaten nach Belieben umherzogen. Wohl aber lohnt es sich, eine Ordnung anzustreben, in der Menschen ihren geographischen Lebensmittelpunkt frei wählen können, solange sie den dort bereits länger Ansässigen keinen Schaden zufügen. Das klingt wie eine einfache Utopie, die schwer zu erreichen ist. Doch gibt es zwei Gegenpositionen. Die eine Gegenposition bestreitet die *Wünschbarkeit* des Leitbilds durchlässiger Grenzen, die andere ihre *Realisierbarkeit.*

Die Kritik der Wünschbarkeit einer größeren Freizügigkeit im internationalen Verkehr besteht darauf, dass Migration ein »Problem« sei oder aber eine Vielzahl von Problemen in den Aufnahmegesellschaften verursache – Probleme, die national und international durch feinmaschige technologische Überwachung, Einschränkung und Regulierung von Bewegungsfreiheit unter Kontrolle gebracht werden sollen. Migrantinnen wird nachgesagt, dass sie den Sozialstaat, den Säkularismus, die politische Stabilität, den sozialen Frieden, das Lohnniveau unterer Einkommensgruppen, die kulturelle Integrität der Aufnahmegesellschaft, die wirtschaftliche Zukunft der eigenen Herkunftsländer, die Demokratie oder sogar das Abendland gefährden könnten. Der Bundesinnenminister Horst Seehofer ist so weit gegangen, in einem Akt hysterischer Überdramatisierung die Migration zur »Mutter aller Probleme« zu erklären.[23] Aber für diejenigen, die ihr Land verlassen haben oder verlassen wollen, ist Migration zunächst einmal ein Beitrag zur *Lösung* ihrer Probleme. Man sollte den Spieß umkehren: Migration an sich ist überhaupt kein Problem; die Väter aller Probleme sind vielmehr die Staaten und nationalistische Ideologien, die Migranten in ausweglose Lagen bringen.

Eine andere Gedankenkette richtet sich gegen den überzogenen Pessimismus derjenigen, die die Forderung nach offeneren Grenzen für unrealistisch halten, weil die Welt nun einmal so ist, wie sie ist. Aber die neowestfälische Ordnung militarisierter Grenzkontrollen, erzwungener Sesshaftigkeit, hoher Zahlen von toten und misshandelten Flüchtlingen bei gleichzeitiger Hypermobilität und unbegrenzter Bewegungsfreiheit der globalen Eliten ist keineswegs das Ende der Migrationsgeschichte. Was zu Ende geht, ist nur die euroamerikanische Hegemonie über den Rest der Welt einschließlich der zählebigen Idee einer zivilisatorischen Mission des Westens. Das Ende der westlichen Hegemonie bietet Chancen für konkrete Schritte in die Richtung einer Utopie offener Grenzen für alle. Erst wenn wir der Realisierung dieser Utopie näherkommen, kann die Gesellschaft auch im Inneren befriedet werden. Erst dann werden Migranten und ihre Nachkommen sich nicht mehr nach jedem Überfall oder Terroranschlag fragen müssen: »Werde ich der Nächste sein?«

Kapitel 2

# DAS RECHT, WOANDERS ZU SEIN

Eine kleine Geschichte der Bewegungsfreiheit

Freiheit ist nur der Abstand zwischen Jäger und Gejagtem.[1]
*Bei Dao, »Komplizen«*

Bisher habe ich weitgehend über unsere Gegenwart geschrieben, die uns manchmal Angst macht und in der wir die Freiheit der Bewegung ebenso wertschätzen wie die Grenzen, von denen wir glauben, dass sie uns schützen. Jetzt gilt es, einen Schritt zu tun in die Vergangenheit, die man auch mit einem fremden Land verglichen hat. Dieser Schritt wird es uns erlauben zu verstehen, dass nichts an der Ordnung der Staatsgrenzen, in der wir heute leben, selbstverständlich oder natürlich ist. Die globale Migrationsordnung, über die heute wieder viel gestritten wird, hätten Menschen in Europa und anderen Teilen der Welt vor 150 oder 200 Jahren als eine Form der Freiheitsberaubung verstanden. Die Aufklärung hat ihre eigenen dunklen Kapitel wie die Vorbereitung oder Verteidigung des Kolonialismus. Aber ihre großen Denker haben in der räumlichen Bewegungsfreiheit ein Grundrecht der Menschen gesehen, das ihnen kein Staat nehmen darf.

Einige Aufklärer sind so weit gegangen, das ganze Leben als körperliche Bewegung und die Freiheit als Barrierefreiheit zu definieren. Das Leben ist »nur eine Bewegung der Glieder« und das Herz »eine Feder«, die uns in Bewegung setzt, schreibt der große englische Philosoph Thomas Hobbes in der Mitte des

17. Jahrhunderts.[2] Dies war die Zeit, als man begann, über den Vorgang der physischen Bewegung auf radikal neue Weise nachzudenken. Physiker und Astronomen wie Isaac Newton versuchten zu zeigen, dass die Schwerkraft, die Gezeiten der Ozeane, die Erdrotation und die Flugbahnen der Kometen alle denselben Prinzipien gehorchen. Physiologen und Chemiker dachten über die Quellen der Fortbewegung von Menschen und Tieren nach und fragten sich, ob für die Bewegung eher das Herz oder das Gehirn verantwortlich sei.[3] Alle Welt war fasziniert von der Mechanik der Räder und Federn in Uhrwerken. Hobbes versuchte aus diesen Fortschritten in der Ingenieurskunst und den Naturwissenschaften Schlüsse zu ziehen für ein neues Bild der menschlichen Psyche und der Politik. Der Mensch ist demnach ganz und gar ein Produkt der Natur, die wiederum ein Produkt der göttlichen Ingenieurskunst ist. Die Natur selbst ist künstlich, so argumentiert er, und der Unterschied zwischen Natur und Kunst ist nur erfunden. Alles, was existiert, ist körperlich. Alles, was angestoßen wird, bewegt sich. Alles, was sich bewegt, muss durch die Kraft eines anderen Körpers aufgehalten werden, damit es sich nicht weiterbewegt. Alle Leidenschaften – Angst und Hoffnung, Ehrfurcht und Freude, Demut und Ruhmsucht – sind das Resultat innerer Bewegungen in unseren Körpern, durch die wir in Bewegung gesetzt und in bestimmten Bahnen gehalten werden. Niemand kann leben, dessen »Empfindungen und Vorstellungen zum Stillstand gekommen sind«.[4]

So rückt Hobbes die Bewegung der Körper und Sinne in den Mittelpunkt der Aufmerksamkeit. Verstanden als aktive Ortsveränderung ist Bewegung ein zentraler Aspekt und die Basis der Freiheit. Während spätere Generationen die Freiheit vor allem als Gedanken- oder Meinungsfreiheit auffassen, ist Hobbes der Ansicht, »dass man umso mehr Freiheit besitzt, in je mehr Richtungen man sich bewegen kann. Darin besteht die bürgerliche Freiheit [*libertas civilis*]«.[5]

Neben der intensiven Beschäftigung mit dem Wesen und der Freiheit der Bewegung taucht im 17. Jahrhundert die Frage auf, welche Formen die Bewegung der Körper im Raum annehmen kann. Die Gesellschaftstänze, die in dieser Zeit entstehen, sind ein gutes Beispiel für eine der Antworten. Nehmen wir die englischen und französischen Versionen des Kontratanzes, in dem Paare in einer größeren Gemeinschaft komplizierte Figuren tanzen, ohne wie später auf ihre isolierte Zweisamkeit zurückzufallen. Diese festlich-geselligen Tänze unterschieden sich von den Bällen des Adels und waren in mancher Hinsicht eher bäuerlichen Tänzen verwandt. Nicht zuletzt legten sie ein neues Körperempfinden und bewegungsfreundliche Kleidung nahe: keine mit Stäben aus Fischbein, Horn oder Stahl versteiften Korsetts, keine kuppelförmigen Reifröcke oder hauteng anliegenden Herrenhosen. Der Dichter und Arzt Friedrich Schiller sah im turbulenten, aber gut komponierten Kontratanz geradezu einen Spiegel der bürgerlichen Gesellschaft. Der für alle Bevölkerungsschichten tanzbare Gesellschaftstanz erschien ihm als ein Sinnbild für die Ausübung der eigenen Freiheit, die mit der Freiheit der anderen glücklich harmoniert: »unzählige Bewegungen, die sich auf das Bunteste durchkreuzen und ihre Richtungen lebhaft und mutwillig verändern und doch *niemals zusammenstoßen*«.[6]

Die Gegenbilder zu dieser Einheit von rascher Bewegung, plötzlichen Richtungswechseln und Kollisionsvermeidung sind zum einen Reglosigkeit und Erstarrung, zum anderen die ungeregelte und damit unfallträchtige Bewegung von Körpern im Raum. Erzwungener Stillstand und Stagnation waren auch zentrale Metaphern, die europäische Philosophen lange Zeit zur Beschreibung der Gesellschaften Asiens verwendeten. In dieses Bild stationärer Gesellschaften passte der in der chinesischen Oberschicht verbreitete Brauch, die Füße von kleinen Mädchen einzuschnüren, um sie am Wachstum zu hindern.

Während man sich in Europa wünschte, dass Kinder im Freien toben, möglichst barfuß, hörte man mit Schrecken, dass in China die freie Bewegung der Glieder einem grausamen Schönheitsideal geopfert wurde.[7] Das Einschnüren der Mädchenfüße wurde zum Symbol für die Unbeweglichkeit und damit für die Rückständigkeit des Orients.

Das andere Gegenbild zum tänzerischen Modell einer ebenso munteren wie geordneten Bewegung war die *falsche* Bewegung, die in immer neuen Verkörperungen die bürgerliche Gesellschaft aufregte und beunruhigte: Vagabunden und anderes fahrendes Volk, die traumatisierten Kriegszitterer nach dem Ersten Weltkrieg, die proletarischen Massen, die sich unkontrolliert durch die Städte zu wälzen schienen, Individualisten, selbstbewusste Frauen und Deserteure, die »aus der Reihe tanzten«, und natürlich die angeblich rastlosen Juden. Der Faschismus reagierte darauf, indem er allem, was da bedrohlich ungeordnet floss und strömte, das radikal untänzerische Ideal des »Strammstehens« und der marschierenden Kolonne gegenüberstellte.

Das Verhältnis des europäischen Bürgertums zur Bewegungsfreiheit ist somit von Anfang an zutiefst ambivalent. Auf der einen Seite erklärten Philosophen wie Hobbes die »körperliche Freiheit«[8] der Bewegung zur Basis aller anderen Freiheiten und werteten sie damit enorm auf. Stillstand in jeder Form galt als unmodern und orientalisch. Im selben Zug jedoch wurde dem entstehenden modernen Staat das Recht zugebilligt, zwischen guten und schlechten, legitimen und illegitimen Formen der Bewegung zu unterscheiden und letztere zu unterdrücken. So kommt es, dass der Staat bis heute die Bewegungsfreiheit auf seinem Territorium schützt und sich zugleich das Recht vorbehält, verdächtig aussehende Passantinnen auf der Straße anzuhalten, Demonstranten einzukesseln, Kriminelle in Gefängniszellen festzuhalten, die Einreise von Ausländerinnen zu unterbinden, Flüchtlinge in Lagern zu internieren, Fluchtrouten auf leicht zu überwachende »Korridore«[9] zu verengen oder, wie im Vietnamkrieg geschehen, ganze Landstriche zu *free-fire zones* zu erklären, in denen auf alles geschossen wurde, was sich bewegte.

Der frühmoderne Staat setzte die Bevölkerung in Bewegung und nährte zugleich das Misstrauen gegen die »umherziehende und vagabundierende Lebensweise«, die nach Jean-Jacques Rousseau für die Geschichte der Menschheit so charakteristisch ist.[10] So erließ zum Beispiel Österreich frühzeitig besondere Gesetze gegen reisende Hausierer, Gaukler, Marionettenspieler, Tierbändiger, Scherenschleiferinnen, Akrobaten sowie Leute, die, wie es in einer Verordnung für die Markgrafschaft Mähren aus dem Jahr 1780 hieß, »unter dem Vorwande der Musik im Lande herumirren«.[11]

Als barbarisch galten zu dieser Zeit in Europa sowohl angeblich völlig immobile Gesellschaften als auch die Verbände dauermobiler Nomaden, für die Europäer ebenso wenig übrig hatten wie für Chinesen, Perser oder Araber. Schiller führte damals den Ausdruck »Völkerwanderung« in die deutsche Sprache ein.[12] Diese unglückliche Sammelbezeichnung für die Raubzüge und Neuansiedlungen von Goten, Vandalen oder Hunnen im ausklingenden römischen Reich der Spätantike suggeriert, die wandernden Gruppierungen seien damals tatsächlich ganze Völker im Sinne moderner Nationen gewesen. Die Rede von der Völkerwanderung geistert heute wieder durch die öffentliche Debatte, besonders, wenn es um Migration aus dem globalen Süden geht. Diesmal sollen allerdings wir die Römer und die Migranten die Barbaren sein.

Auch heute wird mit simplen Gegensätzen gearbeitet: Man dichtet den anderen, die an unseren Grenzen lauern, einfach alle Eigenschaften an, die schon den Persern oder Hunnen nachgesagt wurden. Zu diesen Eigenschaften gehört das Syndrom der falschen Bewegung, der Bewegung in die falsche Richtung, aus den falschen Motiven und überhaupt: der Bewegung der »falschen« Menschen. Von Anfang an ist das Nachdenken über den Wert der körperlichen Freiheit eng verknüpft mit der Frage danach, wer an der freien Bewegung gehindert werden soll und warum.

## DIE ZWEITEILUNG DER MENSCHHEIT

In Europa entstand der Gedanke einer globalen Migrationsordnung mit der »Entdeckung« und der kolonialen Besiedelung Amerikas. Damals kam die Frage auf, wie man die Inbesitznahme und Unterwerfung des neuen Kontinents und seiner Menschen überhaupt rechtfertigen kann. Waren nicht alle Menschen gleichermaßen Geschöpfe desselben Gottes? Wir sprechen von einer Zeit, in der sich die bekannte Welt plötzlich ins Unermessliche ausdehnte, auch wenn man immer noch glaubte, dass sich die Sonne um die Erde dreht und das Universum mit den Kategorien des alten christlichen Glaubens verstanden werden kann. Eine Schlüsselfigur dieser Zeit ist der spanische Mönch und katholische Theologe Francisco de Vitoria, der das Recht auf globale Bewegungsfreiheit verteidigte – allerdings nur für Europäer und Christen.

Seine Vorlesungen »Über die Indianer«, gehalten in den Jahren von 1537 bis 1539 an der Universität Salamanca, verdeutlichen einmal mehr, dass es jeder europäischen Konzeption einer Migrationsordnung von Anfang an immer auch um die *Förderung* von globaler Mobilität ging, nicht nur um deren Einschränkung. Kurz nachdem die spanischen Eroberer von der mexikanischen Golfküste kommend ins bereits besiedelte Land ausschwärmten, um es zu erkunden und physisch in Besitz zu nehmen, suchte Vitoria nach guten Gründen, um die *Conquista* – diese ganz besondere Art von transatlantischer Migration – zu rechtfertigen. Das bis heute Verblüffende an seinen Ausführungen ist, dass er einige Argumente vorbringt, die eine Utopie offener Grenzen zu stützen scheinen.

Der Theologe akzeptiert den Gedanken, dass die Erde eine Art Allmende ist, die von ihren Bewohnern nur treuhänderisch verwaltet wird und nicht von den Nationen in Parzellen aufgeteilt und mit Zäunen umgeben werden darf. Daraus folgt, dass die Spanier das Recht haben, überallhin zu reisen und sich aufzuhalten, wo es ihnen beliebt, jedenfalls so lange, wie dies »nicht mit einem Schaden für die Barbaren einhergeht«. Die Indios, die er Barbaren nennt, haben sich an das universelle Gebot zu halten, dass es »unmenschlich« ist, »Fremde und Reisende ohne besonderen Grund schlecht zu behandeln«.[13] Dieses Gebot gilt für den Verkehr zwischen Europäern und amerikanischen Ureinwohnern genauso, wie es für den Verkehr zwischen Spaniern und Franzosen gilt. Beide sollen jeweils in das andere Land reisen und sich dort niederlassen dürfen, sofern den aufgesuchten Fremden daraus kein Nachteil entsteht.

»Sie jagen uns fort vom gastlichen Strande«, zitiert der spanische Theologe aus der *Aeneis* des lateinischen Dichters Vergil. Es ist ein denkwürdiger Satz, der genauso von Flüchtlingen heute stammen könnte oder von denen, die in den vergangenen Jahren Geflüchtete im Mittelmeer gerettet und manchmal vergeblich versucht haben, sie an Land zu bringen. In der Antike galt die Weigerung, in Friedenszeiten fremde Schiffe am eigenen »gastlichen Strand« anlegen zu lassen, als ein sicheres Zeichen barbarischer Verkommenheit. Das Wasser, die Meere und auch die Häfen gehören allen, schreibt Vitoria. Deshalb »dürfen Schiffe *von jeder beliebigen Richtung her* anlegen«.[14]

Vitoria geht freilich einen Schritt weiter, da für ihn auch diejenigen Barbaren sind, die, wie es zumeist der Fall war, die Spanier willkommen hießen und nicht verjagten. Die Indios haben mit ihrer Willkommenskultur für Europäer, die sie bald bereuen sollten, ihre Pflicht im Sinne des europäischen Völkerrechts erfüllt. Für Vitoria sind sie trotzdem Barbaren, wenngleich keine natürlichen Sklaven. Sie sind »nicht vollkommen verrückt, aber sie unterscheiden sich nur wenig von Verrückten«.[15] Zwar haben sie als Menschen gewisse Rechte, aber deutlich weniger als christliche Europäer. Denn sie sind halb verrückt und unkultivierte Einfaltspinsel, die sich gegen die Natur versündigen (eine Chiffre für unerwünschte Sexualpraktiken). Außerdem wollen sie aus Tradition Menschen opfern und sie »zur Speise machen«. Deshalb, so Vitoria, müssen sie »der Leitung weiserer Leute überstellt werden«.[16] Die barbarischen Praktiken der Indios rechtfertigten, wie später der NS-Jurist Carl Schmitt in seiner Darstellung Vitorias hämisch anmerken sollte, »humanitäre Interventionen«.[17] So einfach ist das: das zivilisierte Europa gegen die Barbaren, Katholiken gegen Kannibalen. Die einen wollen mit den Menschen global verkehren, die anderen sie lokal verzehren.

Soweit das Weltbild Francisco de Vitorias, der zu den Gründervätern des modernen Völkerrechts zählt. Mit ihm war der Gedanke der Freiheit der Meere und damit auch eines Rechts auf globale Bewegungsfreiheit entstanden. Damit einher ging der Gedanke einer Pflicht zur Gastfreundschaft einschließlich der Öffnung der Häfen für alle. Allerdings waren die Rollen für diejenigen, die das Recht zum Reisen, und diejenigen, die die Pflicht zur Gastfreundschaft hatten, höchst ungleich verteilt. Diese Rollenverteilung beruhte auf dem Bild, das sich Spanier vom Wesen der Indios machten, die sie für hoffnungslos rückständig hielten. Was für die Migration von spanischen Soldaten, Kaufleuten, Missionaren und Siedlern galt, sollte daher keinesfalls auch für die Indios gelten. Dass sich in ferner Zukunft auch die Nachfahren von Indios auf den Weg nach Europa machen könnten, mochte sich Vitoria nicht vorstellen. Erst viel später ließ sich der Aufklärer Charles de Montesquieu auf das Gedankenspiel ein, wie es denn wäre, wenn eines Tages

»Indianer und Mestizen«[18] in Spanien landen würden, um sich dort niederzulassen und ein neues Leben anzufangen, ohne den Einheimischen schaden zu wollen. Wäre das nicht fair und vorteilhaft für alle Beteiligten?

## ANFÄNGE UND AUFSTIEG DER MOBILITÄTSKONTROLLE

Zu Lebzeiten Francisco de Vitorias hatten territoriale Grenzen kaum praktische Bedeutung für Reisende, weder in Europa noch anderswo. Es gab weder Reisepässe noch Personalausweise. Der moderne Nationalstaat lag noch in weiter Ferne. Reisen war anstrengend und gefährlich. Räuber und wilde Tiere konnten einem in die Quere kommen, aber niemand, der Ausweise kontrollierte. Allenfalls brauchte man manchmal Empfehlungsschreiben, um unbehelligt das Gebiet einer weltlichen oder auch geistlichen Landesherrschaft durchqueren zu können. Außerdem wurden an bestimmten Stellen Zölle auf mitgebrachte Waren erhoben. Europa ähnelte darin dem islamisch-arabischen Reich, in dem Grenzen, abgesehen von der physischen Grenze zwischen Land und Meer, für reisende Muslime keine Rolle spielten. Auch hier mussten zwar Zollgebühren entrichtet werden, aber nicht an territorialen Grenzen, sondern an den Toren von Städten. Nichtmuslime brauchten das Zertifikat eines beliebigen muslimischen Bürgen oder einer Bürgin, um auf islamischem Gebiet ohne Steuerverpflichtungen zu verweilen. Während sich heute die politische Macht gerade an den Staatsgrenzen zeigt, war es bis in die frühe Neuzeit so, dass die Macht mit zunehmender Distanz zu der Stadt, wo die Herrschaft ihren Sitz hatte, abnahm und ausfranste. Wo heute scharf gezogene Grenzen die Reisenden aufhalten, existierten damals Zonen des Übergangs zwischen verschiedenen

Herrschaftszentren. Die Idee eines identitätsstiftenden »nationalen« Territoriums war Muslimen ebenso fremd wie christlichen Europäern.[19]

Allerdings galt die Reisefreiheit nur eingeschränkt für Frauen, deren Platz zu Hause sein sollte. Erst im 19. Jahrhundert traten auch sie langsam als autonom Reisende in Erscheinung. Keine Reisefreiheit gab es außerdem für unfreie Untertanen auf dem Land. In Europa konnten Gutsherren bis ins 18. Jahrhundert den Bewegungsradius ihrer Knechte und Mägde beliebig einschränken und kontrollieren. Die Grenze der Welt lag für diese weitgehend rechtlosen Frauen und Männer nicht weit hinter der Grenze des Gutshofs, auf dem sie arbeiteten. Auf die Einschränkung des Rechts, woanders zu sein, reagierten die Betroffenen nicht selten mit Flucht.

Tatsächlich waren Flucht und Abwanderung immer ein großes Problem von Wirtschaftsordnungen, die auf unfreier Arbeit beruhten. Dies galt in besonderem Maße für die europäischen Kolonien. Die Spanier hatten Glück, dass die zentral- und südamerikanischen Regionen, in die sie vorstießen, dicht besiedelt waren. Allein Tenochtitlan (heute Mexiko-Stadt) hatte 1519, als die spanischen Eroberer es erstmals erblickten, bereits 150 000 bis 200 000 Einwohner und war größer als jede spanische Stadt der damaligen Zeit. Das Reservoir an Indios, aus dem die Kolonisatoren kontinuierlich Arbeitskräfte für die Silberminen von Mexiko oder Peru rekrutieren konnten, war nahezu unerschöpflich.

Im britisch dominierten nördlichen Amerika war die Lage eine ganz andere. Die Beziehungen zwischen Siedlern und Ureinwohnern waren von tiefem Misstrauen geprägt. In Virginia suchten die einheimischen Powhatan-Indianer die Nähe der Kolonistenfamilien manchmal nur aus einem einzigen Grund – um sie zu töten. So etwa im März 1622, als sie die Bevölkerung der Siedlung Jamestown dezimierten. Vor dem Hintergrund solcher Ereignisse erschien es vielen Grundbesitzern lebensgefährlich, Indianer in feste Beschäftigungsverhältnisse zu integrieren oder sie gar zu Zwangsarbeit zu verpflichten. Dort, wo sie es versuchten und überlebten, etwa in Maryland, mussten die Siedler feststellen, dass die neu gewonnenen Feldarbeiter bei jeder sich bietenden Gelegenheit auf Nimmerwiedersehen von den Plantagen ins Innere des Landes verschwanden.[20]

Die Gefährlichkeit der indianischen Ureinwohner für die Siedler und ihre Familien sowie ihre extreme Fluchtneigung waren ein zentraler Grund für die Einfuhr und den Einsatz afrikanischer Sklaven auf den Plantagen im Süden der USA. Sklaven sind im Unterschied zu anderem Dienstpersonal Menschen, denen ihre körperliche Freiheit und damit ihre Bewegungsfreiheit mit Gewalt genommen wurde. Weil das so ist, dürfen sie, wie Hobbes mit dankenswerter Klarheit schrieb, »rechtmäßig ihre Fesseln und ihr Gefängnis aufbrechen und ihre Herren töten«.[21]

Meistens jedoch zogen auch die Sklaven die Flucht vor, ähnlich wie europäisches Dienstpersonal oder zur Arbeit zwangsverpflichtete Ureinwohner. Fliehen war dabei mehr als das bloße Weglaufen vor der Herrschaft. Die Organisation der Flucht kam einer komplexen sozialen Unternehmung gleich. Sklaven fälschten ihre eigenen Entlassungspapiere, organisierten großräumige Netzwerke von Helfern und Verstecken, ließen sich in Kisten von den Plantagen ihrer Herren schmuggeln, sangen Gospels mit verschlüsselten Nachrichten oder versuchten, wenn sie hellhäutiger als andere waren, als Weiße oder als freie »Mulatten« durchzugehen. Vor allem aber übten sie sich in der Kunst der genauen Beobachtung ihrer Überwacher, eine Praxis, die die kanadische Autorin Simone Browne mit dem französischen Wort *sousveillance* bezeichnet, was so viel heißt wie: Wachsamkeit von unten.[22]

Die durch Flucht errungene Freiheit war immer zerbrechlich, weil europäische Gutsherren und amerikanische Sklavenhalter ihre entflohenen Arbeitskräfte weiträumig suchen ließen, um sie wieder einzufangen und zu bestrafen. In den USA gab es regelrechte Steckbriefe für entlaufene Sklaven, auf deren Ergreifung Belohnungen ausgesetzt wurden. Die Höhe der Belohnungen richtete sich nach dem Wert des flüchtigen »Eigentums«. Umgekehrt warnten in Städten wie Boston lokale Unterstützerinnen die Flüchtlinge auf Plakaten vor Polizisten, die als »Sklavenfänger«, »Kidnapper« und »Bluthunde« bezeichnet wurden.[23]

Die Sklaverei und der Kampf für ihre Abschaffung bildeten somit ein großes Experimentierfeld: Erstmals knüpften private und öffentliche Herrscher die Gewährung unterschiedlicher Grade von Bewegungsfreiheit an die Hautfarbe. Mit der Amerikanischen Revolution weitete sich dieses Feld ins Transnationale, nachdem versklavte Afrikaner versuchten, hinter die britischen Linien zu gelangen. Berühmt ist das Beispiel der 3000 schwarzen Loyalisten, die nach New York flohen, um sich dort 1783 registrieren und dann als freie People of Color in die kanadische Atlantikprovinz Nova Scotia evakuieren zu lassen. All das erinnert von weitem an heutige Zustände – Menschen, die vor Gewalt und Unterdrückung fliehen, Helferinnen, die sich vor die Geflüchteten stellen, schließlich Städte und Länder, die den Ruf sicherer Häfen genießen.

Überall begann man mit selektiven Grenzschließungen zu experimentieren. Staatsgrenzen wurden nicht mehr nur als durchgezogene *Linien* auf der Erde verstanden, sondern zunehmend auch als stufenlos verstellbare *Filter*, mit denen man unerwünschte Personen draußen halten konnte, während andere Personen Einlass fanden. In Europa galt die Faustregel, dass sich die Durchlässigkeit von Außengrenzen mit dem jeweiligen sozialen Stand der Reisenden veränderte. Angehörige der unteren sozialen Klassen hatten es schwerer als andere, ungehindert Grenzkontrollen zu passieren. Wegen der politisch unruhigen

Zeiten um das Jahr 1848 herum ließ man in Österreich und Deutschland reisende Handwerksgesellen besonders lange an Grenzkontrollen warten, wo sie allerlei Fragen und Demütigungen zu erdulden hatten. Das britische Ausländergesetz (*Alien Act*) von 1905 sah gründliche Grenzkontrollen nur für die ausländischen Passagiere der untersten Kabinenklasse von Schiffen vor, während die besser Untergebrachten ohne Kontrolle passieren konnten. Ähnliches galt für Reisende aus Russland, die an der Ostgrenze des Deutschen Reichs aus den Zügen geholt und sogar desinfiziert wurden, wenn sie die billigen Plätze gebucht hatten.[24] Da, wo Ausweiskontrollen ohne Rücksicht auf den sozialen Stand einer Person eingeführt wurden, etwa an den Außengrenzen des kaiserlichen Österreichs seit 1853, kam es immer wieder zu heftigen Beschwerden bürgerlicher Reisender aus Sachsen und anderen Provinzen, die bis in höchste Kreise ihr Recht auf Bewegungsfreiheit reklamierten.[25] Ein Sprecher der sächsischen Grenzpolizei empörte sich 1862 über das vergleichsweise strenge österreichische Grenzregime und bezeichnete Sachsen wegen seiner relativ offenen Grenzen als »Land der Humanität«.[26]

Gegen das Selbstlob, ein Land der Humanität zu sein, sprach, dass sich die Mitglieder der unteren sozialen Klassen nicht einmal in ihrer Heimat frei bewegen konnten. Handwerker unterlagen der Pflicht, Arbeits- und Wanderbücher mit sich zu führen. Im Königreich Sachsen war jeder Aufenthalt von mehr als 24 Stunden an einem Ort, wo man als Fremder galt und unbekannt war, meldepflichtig. In der ersten Hälfte des 19. Jahrhunderts wurde eine Gendarmerie eingerichtet, deren Aufgabe darin bestand, die Reisetätigkeit der Bevölkerung im eigenen Land zu kontrollieren. Niemand sollte aus der Reihe tanzen. Wandergesellen wurde gelegentlich unter Androhung von Strafen eine bestimmte Marschroute vorgeschrieben, auf der sie sich, so eine polizeiliche Anordnung aus dem Jahr 1844,

»ohne Abweichung vom graden Wege«[27] zu einem vorgeschriebenen Ort zu bewegen hatten. Die »körperliche« oder auch »natürliche Freiheit«,[28] von der Hobbes sprach, wurde durch Passkontrollen, Dienstbücher und Wanderverbote zunehmend eingeschränkt.

Aber schon damals war klar, dass den Menschen an der Freiheit der Bewegung *gelegen* war und sie nicht bereit waren, sich im Laufstall eines nationalen oder landesherrschaftlichen Territoriums einsperren zu lassen. Als hätten sie Hobbes gelesen, kritisierten in der Mitte des 19. Jahrhunderts Mitglieder des Chemnitzer Handwerkervereins, dass die bessergestellten Leute reisen dürften, wie es ihnen beliebte, während »die reisenden Handwerker auf alle nur erdenkliche Weise im Gebrauche ihrer natürlichen Freiheit beschränkt« würden.[29]

## KOLONIALISMUS UND MIGRATIONSKONTROLLE

Aber was war damals eigentlich im Rest der Welt los? Zum Beispiel in den europäischen Kolonien in Australien oder im Süden Afrikas? Wir neigen zu dem Glauben, dass Europa der Ursprung aller wichtigen politischen Entwicklungen sei. Auf dem Gebiet der Migrationskontrolle gilt das jedoch nicht. Die weißen Siedlerkolonien haben keineswegs ihre Mutterländer kopiert, sondern waren die Vorreiter einer restriktiven und oft rassistischen Einwanderungskontrolle. So erließ die britische Kolonie New South Wales in Australien bereits 1861 ein Gesetz, um die Einwanderung von Chinesen zu drosseln, die als Minenarbeiter auf den Goldfeldern des Landes arbeiten wollten. Politiker und Journalisten verunglimpften chinesische Männer als schmutzige, unstete, unmoralische, »Opium rauchende Heiden« aus dem Land »kleinfüßiger Schönheiten« sowie als *»gelbe Gefahr«* – eine Bezeichnung, die bereits früher im Umlauf war, aber erst jetzt zu einem globalen rassistischen Stereotyp wurde. Chinesische Kontraktarbeiter wurden verantwortlich gemacht für die Verbreitung von Pockenviren in Sydney, für die sinkenden Löhne der weißen Arbeiter und für den Sittenverfall bei den weißen Siedlern, die mit ihnen in Kontakt kamen. Auch Politiker, die nicht in den Chor der Chinesenhasser einstimmen wollten, waren für einen Einwanderungsstopp. Die Lösung des vermeintlichen Problems zu vieler Chinesen sei nichts weniger als eine Frage der nationalen »Selbsterhaltung«, schrieb Henry Parkes, der damalige Premierminister von New South Wales.[30]

Der Einwanderungsstopp verstieß nicht nur gegen die natürliche Freiheit der Chinesen, sondern auch gegen den Geist des britisch-chinesischen Vertrags von Nanking aus dem Jahr 1842, der Chinesen die Einwanderung in britische Kolonien erleichtern sollte. Bei den Australiern ging folglich die rassistische Wut auf Chinesen einher mit einem antikolonialen Impuls gegen England und das Konzept eines multiethnischen Weltreichs. Die britische Regierung suchte nach einer Regelung, der auch China hätte zustimmen können. So wurde eine Lösung vorgeschlagen, die es allen chinesischen Reisenden – außer Arbeitssuchenden – erlaubt hätte, die Besitztümer, Protektorate und Territorien des Empire »zu besuchen, zu durchqueren oder sich in ihnen niederzulassen«, wie es in einem Dokument des Colonial Office in London vom 22. Juni 1888 hieß.[31] Solche Kompromisse waren jedoch mit der Regierung und der öffentlichen Meinung in Australien nicht zu machen.

In anderen Teilen des britischen Empire war die Entschlossenheit, jegliche nichtweiße Einwanderung zu verhindern, nicht weniger groß als in Australien. Die afrikanische Kolonie Natal am Indischen Ozean (heute ein Teil der Provinz KwaZulu-Natal im Südosten der Republik Südafrika) ist ein weiteres lehrreiches Beispiel. Natal war in einer vergleichbaren Situation wie Kalifornien oder das Ruhrgebiet im späten 19. Jahrhundert: Man war dringend auf Arbeitskräfte aus dem Ausland angewiesen, vor allem für die Plantagen, auf denen Zucker, Tee und Baumwolle angebaut wurden. Zugleich wollte man die Arbeiter auf keinen Fall langfristig im Land behalten, schon gar nicht als gleichberechtigte Bürger. Die scheinbare Lösung: Man importierte Kontraktarbeiter, Vorläufer der späteren deutschen Gastarbeiter, von denen man hoffte, sie nach Gebrauch ihrer Arbeitskraft leicht wieder abschieben zu können. Vor allem aus Indien wurden nach 1860 Hunderttausende Kontraktarbeiter nach Natal geholt und für eine begrenzte Zeit zur Arbeit auf Plantagen verpflichtet. Nachdem die Verträge abgelaufen waren, zogen es die meisten allerdings vor zu bleiben statt nach Britisch-Indien zurückzukehren. Viele nutzten ihre Ersparnisse, um ein Stück Land zu kaufen oder einen Laden zu eröffnen. So wurden aus den früheren Kontraktarbeitern immer mehr unabhängige kleine Geschäftsleute, Straßenverkäuferinnen, Gärtner oder Fischer. Die meisten weißen Siedler reagierten darauf mit Protesten und forderten die Regierung auf, die indische Einwanderung zu stoppen oder sogar rückgängig zu machen.

Das Resultat dieses Konflikts war die sogenannte Natal-Formel. Diese sah vor, dass Einwanderungswillige einen Sprachtest machen mussten, um ins Land gelassen zu werden oder im Land bleiben zu dürfen. Dieser Sprachtest war zunächst so angelegt, dass ihn im Normalfall nur gebürtige Briten bestehen konnten. Später gab es auch andere Varianten. So durften Einreisewillige eine andere Sprache als Englisch wählen, aber es musste eine europäische Sprache sein. Der Charme dieser Regel bestand für ihre Erfinder darin, dass sie formal nicht rassistisch war und Menschen nicht nach körperlichen Merkmalen sortierte, sondern lediglich eine erlernbare Qualifikation abfragte. Und doch erfüllte sie ihren Zweck, Sprecherinnen einer asiatischen Sprache ziemlich zuverlässig auszusieben. Auch dieser indirekte Ausschluss indischer, chinesischer und anderer asiatischer Migranten widersprach dem Grundsatz der Bewegungsfreiheit innerhalb des Empire. Zudem verletzte er die aufkommenden nationalen Gefühle unter den Kolonisierten in Asien und mobilisierte die liberale öffentliche Meinung in Großbritannien.

Nachdem die Regierung in London anfangs widerwillig der antiasiatischen Agitation der Siedler nachgab, setzte sich die Natal-Formel, die die Legalität der Einreise und des Aufenthalts asiatischer Migranten an die Kenntnis einer europäischen Sprache knüpfte, überall dort im britischen Empire durch, wo es eine mächtige weiße Siedlerbevölkerung gab. In Anlehnung an die Natal-Formel erließ Australien 1901 ein Gesetz, das noch präziser als bisher definierte, wer als illegaler Einwanderer galt, nämlich »jede Person, die nicht fähig ist, auf Bitte und in Gegenwart eines Beamten einen Text in einer europäischen Sprache mit fünfzig Wörtern, der von dem Beamten diktiert wird, zu schreiben und zu unterzeichnen«.[32] Damit waren vor allem Japaner, Inder und Chinesen gemeint. Die japanische Regierung protestierte und bestand darauf, dass auch Japanisch eine Sprache sei, die ihre Sprecherinnen als Mitglieder im Kreis der zivilisierten Völker auswies. Auf diesen Vorwurf des Eurozentrismus reagierten Australien und Neuseeland 1905 mit einer Gesetzesänderung, die es den Einwanderungsbehörden erlaubte, nicht nur europäische, sondern jede beliebige Sprache zu testen. Allerdings wählten ab jetzt die Beamten die zu testende Sprache. So wurden zum Beispiel Afrikanerinnen nach ihren Hindikenntnissen befragt oder Inder mit einem Diktat auf Suaheli konfrontiert. Die Freude an der Demütigung von Migranten war dem Gesetz anzumerken. Kein Wunder, dass kaum noch jemand den Test machen wollte und die chinesische Bevölkerung in Australien drastisch abnahm.[33]

Natürlich gab es auch Ausnahmen von der Regel. Asiatische Studenten, Händler und besondere Fachkräfte wie zum

Beispiel Perlentaucher durften nach individueller Prüfung weiterhin nach Australien einreisen. Solche Ausnahmen galten ebenfalls im südlichen Afrika. So erklärte der britische Kolonialpolitiker Lord Alfred Milner, dass Vorschriften zur getrennten Ansiedelung bestimmter ethnischer Gruppen in Südafrika flexibel ausgelegt werden müssten, je nach dem »Zivilisationsgrad« der betroffenen Personen. »Ich denke«, teilte er im April 1904 mit, »dass, wenn eine farbige Person [*a coloured person*] einen gewissen hohen Grad an Zivilisation zeigt, sie das erhalten sollte, was ich ›weiße Privilegien‹ nenne, unabhängig von der Hautfarbe.«[34] Schwarze konnten also weiße Privilegien nach Gutsherrenart zugesprochen bekommen. Umgekehrt konnten Weiße ihre Privilegien verlieren und als unerwünschte Einwanderer abgewiesen oder benachteiligt werden. Für die britischstämmige weiße Elite in Rhodesien, dem heutigen Simbabwe, waren diese »weißen Privilegien« an die soziale Stellung und traditionelle Gewohnheiten aus dem Mutterland gebunden. Italiener, Griechen oder Portugiesen hatten keine Chance, eines Tages dazuzugehören.[35]

Der Ausschluss und die Diskriminierung all derjenigen, die in der Sprache der damaligen Zeit als »farbig« wahrgenommen wurden oder aber zur Gruppe der »unerwünschten« Weißen gehörten, verschärften sich, wo immer Siedlerkolonien ihre Unabhängigkeit von Europa vergrößern konnten. Als die Kolonie Natal 1893 weitgehende Selbstbestimmungsrechte erhielt, wandte sich ihre Regierung sogleich dem Problem zu, wie mit den indischen Familien umzugehen sei, die bereits im Land waren und trotz der ständigen Repression und Herabwürdigung nicht bereit waren, »nach Hause« zu gehen. Mit der britisch-indischen Regierung in Kalkutta versuchte man vergeblich, ein Rückführungsabkommen für indische Arbeiter auszuhandeln. Man erschwerte es daraufhin Indern, ein Geschäft oder eine Firma zu gründen. Eine Sondersteuer wurde eingeführt. Inder durften nicht länger öffentliche weiterführende Schulen besuchen. Schließlich wurde 1894 versucht, ihnen sogar das Wahlrecht zu nehmen, eine Maßnahme, die nur durch die Intervention der britischen Regierung verhindert wurde. So oder so war klar, wohin die Reise gehen sollte. Es entstand das neue Ideal eines getrennten Lebens unterschiedlicher »Rassen« im selben Land.

Ohne behaupten zu wollen, dass die in Europa lebenden Europäer den Rassismus erst von ihren Brüdern und Schwestern in den Kolonien gelernt und importiert hätten, waren die Fernwirkungen der Rassentrennung in den Kolonien doch überdeutlich. Angehörige von Siedlerfamilien aus den Überseekolonien hatten schon in der Zeit zwischen den Weltkriegen Schwierigkeiten, sich bei gelegentlichen Besuchen in den vergleichsweise multikulturellen Metropolen Europas zurechtzufinden. Später wurde alles noch viel schwieriger, und weiße koloniale »Rückkehrer« sprachen darüber, wie groß ihre Integrationsprobleme im Alltag waren. So berichteten Männer und Frauen aus dem ehemaligen Rhodesien von ihrem Kulturschock, als sie zum ersten Mal sahen, wie Schwarze und Weiße in Edinburgh oder London zusammen in Cafés saßen oder wie Weiße als Putzkräfte arbeiteten. Die hierarchische Trennung von menschlichen Gruppen nach Herkunft und »Hautfarbe« war ihnen zu einer selbstverständlichen Gewohnheit geworden.[36]

## DAS IDEAL EINER »WEISSEN ZIVILISATION«

Nicht in Europa, sondern in den von europäischen Männern gegründeten weißen Siedlerkolonien außerhalb Europas wurde das Ideal einer reinrassig »weißen Zivilisation« auf der Basis geschlossener Grenzen für Nichtweiße erstmals ausformuliert und in der Praxis getestet. Die kolonialen Eliten in Australien und im südlichen Afrika waren bereit, dieses Ideal auch gegen ihr Mutterland durchzusetzen und zur Not für ihre »Unabhängigkeit« zu kämpfen. Francisco de Vitoria hatte in der Frühphase der kolonialen Expansion Europas den Gedanken der moralischen Einheit der Menschheit zugunsten einer radikalen Ungleichverteilung von Rechten und Pflichten aufgegeben. Um 1900 erreichte diese Ungleichverteilung ihren vorläufigen Höhepunkt. Weiße Siedler – eine ganz besondere Sorte globaler Migranten – missachteten nicht nur die Rechte der einheimischen Bevölkerung in den Gesellschaften, in die sie eindrangen. Vielmehr gingen sie dazu über, auch die Bewegungsfreiheit der nichtweißen Mehrheit der migrationswilligen Menschheit massiv einzuschränken. Die weiße Zivilisation sollte in Gestalt einer europäischen Parallelgesellschaft im globalen Süden aufrechterhalten werden. Und zwar auf zwei Wegen: durch strikte Einwanderungskontrolle und Abschottung nach außen sowie innerhalb der Grenzen des Landes durch die Entmischung der Bevölkerung nach »Rasse«-Kriterien. In den von den Buren dominierten Teilen des heutigen Südafrikas wurde dafür später der Begriff der »Apartheid« geprägt.

Die Architekten der Apartheid zogen radikale Konsequenzen aus Ansätzen, die viel älter waren. Überall erfuhren in der Zeit vom Ende des 19. Jahrhunderts bis zum Ersten Weltkrieg Abstammung und ethnische Zugehörigkeit eine deutliche Aufwertung. Das gilt auch für Deutschland. Das Abstammungsprinzip (*ius sanguinis*, lateinisch: Recht des Blutes) wurde 1913 zur Grundlage des ersten einheitlichen deutschen Staatsangehörigkeitsgesetzes. Parallel zu diesen Entwicklungen führte die Industrialisierung zu verstärkter Migration aus den polnischen Gebieten sowie zur rassistischen Abwertung der Polen. So sprach der Soziologe Max Weber von der Gefahr einer Überflutung Deutschlands durch polnische Wanderarbeiter – »östliche Nomadenschwärme« – sowie davon, dass die »Einfuhr der Polen« noch gefährlicher sei als die Einfuhr chinesischer »Kulis«.[37] Der chinesische Kuli, der nach der Abschaffung der Sklaverei weltweit an die Stelle der Sklaven trat, und von dessen Transport rund um die Welt auch deutsche Reedereien profitierten, war für Weber und seine Zeitgenossen das Symbol für den kulturellen Bodensatz der Menschheit. Tiefer konnten selbst Polinnen nicht sinken. Diese hatten aber im Unterschied zu den Chinesen den Nachteil, dass sie sich mit den Deutschen vermischten und sie auf ihr angeblich niedrigeres Kulturniveau herabzogen. Dass sich Deutsche mit Chinesen vermischen und in irgendeinen Austausch treten könnten, hielt Weber dagegen für schlicht undenkbar.

Chinesen erschienen gegenüber den Polen als die letztlich noch größere, aber weiter entfernte Gefahr, die in der Phantasie der braven Bürger monströse Züge annahm. Das Gerede von der »gelben Gefahr« verbreitete sich in der gesamten westlichen Welt, angefeuert von Kaiser Wilhelm II. bis hin zum amerikanischen Präsidenten Theodore Roosevelt, der den drohenden »Selbstmord« der weißen Rasse als Folge unkontrollierter Einwanderung aus Asien an die Wand malte.[38] »Weiß« war dabei – und ist es bis heute – keine Farbe, sondern eine Zuschreibung und eine Metapher für eingebildete kulturelle Überlegenheit. Weder Polen noch Jüdinnen noch übrigens Italiener (in den USA) galten in diesem Sinne als Weiße. Dies war auch die Zeit, als man erstmals davon hörte, dass Migranten wie eine »Flut« über uns hereinbrächen, vor der uns nur hohe »Deiche« schützen könnten.[39]

Ob die europäischen Siedlerkolonien einschließlich der vormals britischen Vereinigten Staaten von Amerika noch rassistischer waren als Europa, ist schwer zu sagen. Aber es ist bemerkenswert, dass die britischen Kolonien bei der konkreten Umsetzung rassistischer Ideen auf dem Gebiet der Einwanderungs- und Mobilitätskontrolle ganz vorne waren. In anderen Kolonien, außerhalb des globalen britischen Einflussgebiets, wurde derweil an der Perfektionierung der Rassentrennung gearbeitet. Die von den ursprünglich zumeist niederländischen Buren kontrollierten Gebiete im Süden Afrikas und die Kolonie Deutsch-Südwestafrika bieten hierfür reichlich Anschauungsmaterial. Die deutsche Kolonie brauchte wie alle anderen Siedlergesellschaften jede Menge Arbeitskräfte aus den Reihen der einheimischen schwarzen Bevölkerung sowie zusätzliche Arbeiter aus dem Ausland, zum Beispiel für den Bau von Eisenbahnlinien. Das »Eindringen farbigen Blutes«[40], wie es ein deutscher Kolonialbeamter ausdrückte, ließ sich in Afrika nicht durch eine Sicherung territorialer Außengrenzen abwehren, sondern musste durch die Errichtung von unüberwindbaren Grenzen zwischen den »Rassen« und den jeweiligen Geschlechtern gestoppt werden. Zu diesem Zweck sollte die Bewegungsfreiheit der Schwarzen eingeschränkt und ihre Beziehungen zu Weißen außerhalb der Arbeitswelt möglichst vollständig unterbunden werden. Schwarz-weiße Mischehen wurden verboten und die Kinder aus Mischehen als schwarze Eingeborene stigmatisiert. Schwarze Frauen, die sich mit weißen Männern einließen, galten als Prostituierte. Weiße Männer, die sich umgekehrt mit Schwarzen einließen, wurden in der weißen Parallelgesellschaft geschmäht und ausgeschlossen.

Man erließ sogenannte Eingeborenenverordnungen, um feststellen zu können, wie viele Afrikaner sich wann in welchem Bezirk des Landes aufhielten. Schwarze wurden gezwungen, beim Verlassen ihres Wohnorts Genehmigungen einzuholen und Passmarken aus Blech mit sich zu führen, die bezeugten, wer sie waren und woher sie stammten. Das wirklich Besondere am deutschen Kolonialismus scheint jedoch gewesen zu sein, dass seine Vertreter die Afrikaner nicht nur als kulturell rückständig, sondern eben auch als biologisch minderwertig klassifizierten. Ausnahmen für besonders gebildete, kultivierte oder sozial höherstehende Schwarze sollte es nicht mehr geben.

Diese Wende ins Biologische hatte dramatische Folgen. Die Deutschen blickten auf die Afrikaner und erst recht auf die Afrikanerinnen wie auf schwer erziehbare Kinder herab, die sie gelegentlich mit der Nilpferdpeitsche traktierten. Von der extremen Ausbeutung und Ausgrenzung war es dann nur noch ein Schritt zur Ausrottung. Der Holländer Johann Noothout aus Kapstadt, der im Jahr 1906 nach Deutsch-Südwestafrika kam und Zeuge von allerhand Gräueltaten wurde, bemerkte, dass die Deutschen ganz ungeeignet wären für Kolonialismus, weil sie ihrer Neigung nicht widerstehen konnten, »die einheimische Rasse auszulöschen«.[41] Kolonialismus ohne Kolonisierte hätte aber wenig Sinn.

Die europäischen Kolonien einschließlich der postkolonialen Vereinigten Staaten von Amerika boten aber nicht nur das Schauspiel beispielloser Demütigung und Grausamkeit. Sie eröffneten auch eine erste große Phase des Kampfes zwischen den herrschenden Eliten und ihren immer weitergehenden Kontroll- und Ausschlussphantasien auf der einen Seite und den Opfern dieser Phantasien auf der anderen Seite.

So tauchte 1893 in Durban, der Hauptstadt Natals, ein junger Anwalt namens Mohandas Karamchand Gandhi auf, der hier seinen Kampf gegen die Diskriminierung der indischstämmigen Bevölkerung aufnahm. Gandhi berief sich anfangs auf den Geist des britischen Imperiums, das doch ein multiethnisches Imperium sein wollte, in dem weltweit alle Untertanen des Könighauses gleich waren und ihr Recht auf Bewegungsfreiheit gleichermaßen geltend machen sollten. Als er merkte, dass die imperiale Philosophie der Gleichheit hohl war und die Zivilisation für Europa nur eine weiße Zivilisation sein sollte, richtete sich sein Kampf gegen den europäischen Kolonialismus selbst.

Eine andere Quelle des Widerstands war international. Als der amerikanische Kongress 1892 den *Geary Act* verabschiedete, ein Gesetz, das die Bewegungsfreiheit der chinesischen Bevölkerung im Land scharf kontrollieren sollte, kam es zu weltweiten Protesten. Das Gesetz erweiterte den bereits seit zehn Jahren wirksamen Einwanderungsstopp für chinesische Arbeiter um eine ganze Reihe weiterer repressiver Maßnahmen: Chinesen in den USA hatten fortan die Pflicht, stets einen Ausweis mit sich zu führen, wenn sie nicht Zwangsarbeit oder Abschiebung riskieren wollten. Sie durften nicht länger als Zeugen vor Gericht auftreten oder nach Zahlung einer Kaution auf freien Fuß gesetzt werden. Und eingebürgert werden konnten sie auch nicht. In China wurde danach diskutiert, ob man nicht auch alle Amerikaner aus dem Land jagen sollte. Es setzte sich aber ein anderer Vorschlag durch, der sich besser vertrug mit dem Recht aller, woanders zu sein: nämlich die Idee eines Boykotts amerikanischer Waren. Die Dynamik der Boykottbewegung, die 1905 begann, übertraf schnell die Erwartungen ihrer Initiatoren, radikalisierte die chinesische Diaspora und wurde zum Hauptthema reisender Agitatoren wie etwa des Journalisten und Philosophen Liang Qichao, der in Europa, den USA, Hawaii und Australien auf Vortragstournee ging.

Auch wenn sie erst einmal nicht viel ausrichtete, war die Boykottbewegung die weltweit erste Massenbewegung, die gegen Einwanderungsgesetze und die Einschränkung der globalen Bewegungsfreiheit protestierte.[42] Im nächsten Kapitel betrachten wir den umgekehrten Fall: die Massenbewegung, die sich in den achtziger Jahren im Osten Deutschlands gegen unmenschliche Auswanderungsgesetze richtete.

Kapitel 3

# »VISAFREI BIS NACH HAWAII«

## Die revolutionäre Bedeutung des Rufs nach Reisefreiheit

»[...] dann werden unsere Siestas noch länger und unsere Schwerter noch rostiger, der Nachtwächter wird von seinem Turm herunterschleichen, um die Nacht bei seiner Frau zu liegen, der Mörtel wird bröckeln, bis Eidechsen in den Ritzen zwischen den Ziegeln hausen und Eulen aus dem Kirchturm fliegen, und die Linie, die auf den Reichskarten die Grenze markiert, wird verblassen und verschwimmen, bis wir selig vergessen sind«.[1]

*J. M. Coetzee, Warten auf die Barbaren*

Offene Grenzen, auch solche, die mit der Zeit ganz verblassen und verschwimmen, kann man sich gut vorstellen. Vollkommen geschlossene Grenzen sind dagegen ein Unding. Eine Grenze zwischen Staaten oder Territorien, die von niemandem – niemals und nirgends – passiert werden kann, lässt sich nicht einmal denken. Da Grenzen von Menschen gezogen werden, gehört es zu ihrem Wesen, dass sie überschritten, überwunden oder neu verhandelt werden können. Die Frage ist immer nur, wer über die Grenze darf und in welche Richtung, rein oder raus. Wir haben gesehen, dass in den letzten 150 Jahren viele territoriale Grenzen für bestimmte Gruppen geschlossen wurden, für Asiaten und Afrikanerinnen, Jüdinnen und Slawen. Je nach den Bedürfnissen der einheimischen Wirtschaft, dem sozialen Stand oder dem »Zivilisationsgrad« der Einreisewilligen zeigten sich die Aufnahmestaaten flexibel und machten Ausnahmen. Erst der Faschismus stoppte jegliche Einwanderung und ersetzte sie durch den Import von Zwangsarbeit.

In der modernen Literatur spiegelte sich diese zunehmend aussichtslose Lage in berühmten Parabeln wie der vom mächtigen Türhüter, der den angereisten Mann vom Lande trotz ständiger Bitten nicht hineinlässt und ihn ohne Angaben von Gründen bis zu seinem Tod hinhält. Oder in der Geschichte von der imaginären kolonialen Siedlung, deren verrohte Befehlshaber hinter Mauern und Wachtürmen auf den Angriff der einheimischen Barbaren warten. Schriftsteller wie Franz Kafka oder John Maxwell Coetzee, auf die ich hier anspiele, haben den Zusammenhang von geschlossenen Grenzen und wuchernder Gesetzlosigkeit gründlich ausgeleuchtet. Geschlossene Grenzen, die angeblich die Ordnung schützen sollen, sind in Wirklichkeit eine Quelle der Unordnung und der Willkür. Aus der Perspektive der Abgewiesenen und Ausgeschlossenen verkörpern die Wächter dieser Grenzen eine Form der Tyrannei.

Da, wo die Menschen besonders nachdrücklich ihre natürliche Freiheit behaupteten und sich davonmachen wollten, sind staatliche Grenzen gelegentlich mit Mauern, Stacheldraht oder gar Landminen, Selbstschussanlagen und bewaffneten Truppen verstärkt worden. Ich denke dabei natürlich an die Mutter aller modernen Mauern, die 1961 errichtete Berliner Mauer, sowie an die fragile Ordnung, die um die Mauer herum gebaut wurde. Diese Ordnung bestand aus weiteren bürokratischen Mauern und Türmen aus Verordnungen, Anweisungen, Verhörprotokollen und Spitzelberichten, die den Insassen der Gesellschaft den Wunsch nach Mobilität austreiben sollten. Die Mauer selbst war nicht identisch mit der deutsch-deutschen Grenze, sondern *zeigte* diese Grenze in der Form eines einschüchternden Bauwerks. Hinter diesem Bauwerk stand eine politische Elite, die getrieben wurde vom Phantasma totaler Sicherheit und Kontrolle. Der Brandenburger Autor und ehemalige Grenzsoldat Dietmar Schultke hat beschrieben, wie die Führungsspitze der DDR beabsichtigte, die innerdeutsche Grenze durch bauliche Maßnahmen irgendwann gänzlich unüberwindbar zu machen. Zugleich sei geplant gewesen, die Grenze durch Grünpflanzen und den »Aufbau einer optisch reizvollen Ziermauer, 2,30 m hoch«, besonders im Abschnitt Berlin menschenfreundlicher aussehen zu lassen.[2]

Die Beton und Mine gewordene autoritäre Phantasie einer total kontrollierten Grenze scheint auch das inzwischen eingestellte Projekt des ehemaligen amerikanischen Präsidenten Donald Trump inspiriert zu haben, eine »undurchdringliche, große, mächtige«, vor allem aber auch »schöne« Mauer entlang der über 3000 Kilometer langen Grenze zwischen den USA und Mexiko zu bauen.[3] Der Hauptunterschied scheint zu sein, dass es sich bei den neuen Mauern, die der Westen in der Phase seines Niedergangs gegen den Einwanderungsdruck aus dem Süden aufbaut, um *aussperrende* Mauern handelt, während der Eiserne Vorhang, wie Churchill ihn nannte, die Bevölkerungen des Ostens *einsperren* sollte. Dieser Unterschied ist jedoch weniger groß, als man meinen könnte.

Die Abwehrpolitik der USA gegenüber Einwanderern aus Lateinamerika hat zu einem raschen Wachstum gestrandeter Migranten geführt. Sie stecken irgendwo fest und warten auf eine Gelegenheit zur Einreise in die USA, oft vergeblich. Das erinnert ein wenig an den Mann vom Lande in Kafkas Türhüterparabel. Mexiko hat man bereits den »Wartesaal der USA« genannt, in dem die Armee die Menschen an der Weiterreise hindert, ohne dass sie zurück nach Hause könnten. Zahlreiche Institutionen sind mit der Aufgabe befasst, die Gestrandeten aufzuhalten, zu überwachen und zu versorgen, sodass sich gleichsam das ganze Land in eine einzige Mauer verwandelt.[4]

Eine ähnliche Situation, in der die Aussperrung der Migrantinnen sich nicht recht unterscheiden lässt von ihrer Einsperrung, erleben wir auch in anderen Teilen der Welt: im Norden Marokkos, wo obdachlose afrikanische Migranten in Wäldern hausen und auf eine Gelegenheit warten, die Grenzzäune in die spanischen Exklaven Melilla und Ceuta zu überwinden; in der Ägäis, wo Geflüchtete auf griechischen Inseln festgehalten werden; oder in Lagern in der libyschen Wüste. Besonders bemerkenswert ist die Politik der Grenzsicherung in dem westafrikanischen Staat Niger, einem Transitland, das 2015 auf Druck Europas den Straftatbestand des Menschenschmuggels eingeführt hat. Jeder, der von der Wüstenstadt Agadez aus Passagiere auf Pick-ups nach Norden transportiert, in Richtung Mittelmeerküste, macht sich seitdem strafbar. Auch jeder Versuch der Ausreise nach Norden gilt als kriminell. Europa lagert seine Grenzkontrollen bis an die Südgrenze der Sahara aus und schafft, um die illegale *Einreise* von Migranten zu verhindern, das neue Delikt der »illegalen *Ausreise*«[5] aus einem Staat.

Wir beobachten weltweit Ansätze von immer mehr Mauergesellschaften. Eine »Mauergesellschaft« hat der Historiker Frank Wolff die DDR in seinem gleichnamigen Buch genannt: eine Gesellschaft, die sich ganz durch die Art ihrer Abgrenzung nach außen definierte und deren Institutionen – von der Volkspolizei über das Innenministerium und die Staatssicherheit bis hin zu den Staatsanwaltschaften, Gerichten, Kreisbehörden und Brigadeleitungen – das Ziel verfolgten, die Abwanderungsbestrebungen ihrer Mitglieder zu überwachen und einzudämmen.[6] In einer solchen Gesellschaft, deren Eliten nicht nur physische Migrationsströme, sondern irgendwann selbst den »Migrationsgedanken«[7] kontrollieren wollten, war die Mauer bald überall spürbar: Sie wurde so dick, wie das Land ausgedehnt war. Während die Mauer in erster Linie ein Instrument zur Verhinderung von Bewegungen im Raum war, hatte sie auch eine wichtige zeitliche und psychohistorische Funktion. Das berühmteste Bauwerk der DDR erfüllte nämlich für beide Hälften Deutschlands den Zweck, die Vergangenheit des Nationalsozialismus symbolisch auszusperren und die Aufarbeitung der Vergangenheit dem jeweils anderen Teil Deutschlands zu überlassen. Beide Seiten nutzten die Mauer, um sich als die Guten und erlöst von der eigenen dunklen Geschichte zu fühlen.[8]

Die längst abgerissene Berliner Mauer mag uns anachronistisch vorkommen, aber als Prinzip einer neowestfälischen Regierungspraxis hat sie ihre Zukunft als globales Projekt vielleicht noch vor sich. Dieses Prinzip ist die zwangsweise Sesshaftmachung oder Immobilisierung von Bevölkerungen.[9] Neue Mauergesellschaften entstehen dadurch, dass Europa und die USA Einwanderungskontrollen auslagern und Regierungen im globalen Süden mit der Überwachung und Unterdrückung von Migrationsströmen beauftragen. Zwar wird hier anders als im geteilten Deutschland nicht die Vergangenheit ausgesperrt, wohl aber die Zukunft. Die Erschwerung und Unterbindung der globalen Reise- und Bewegungsfreiheit weist den Bewohnern ganzer Weltregionen nicht nur geographisch einen Platz zu, von dem sie sich nicht rühren dürfen, sondern auch eine Zeitkapsel, in der sie für immer verharren sollen, ohne am Fortschritt der Welt teilnehmen zu können.

## VON DER NATÜRLICHEN FREIHEIT ZU DEN MENSCHENRECHTEN

Mauergesellschaften verstoßen systematisch gegen das Prinzip der Freiheit der Bewegung. »Denn alles, was in der Weise angebunden und eingeschlossen ist, daß es sich nur innerhalb eines gewissen Raumes bewegen kann, der durch Widerstand eines äußeren Körpers bestimmt wird, hat, wie wir sagen, keine Bewegungsfreiheit«, schrieb Thomas Hobbes im *Leviathan*.[10]

Hobbes wusste, wovon er redete, wenn er die Bewegungsfreiheit zu einem seiner großen Themen machte. Als anglikanischer Royalist und Anhänger des umstrittenen Königs Charles I. wurde er während des Englischen Bürgerkriegs (1642–1649) für viele Jahre ins Exil nach Paris gezwungen. Im August und September 1647 musste er wegen einer schweren ansteckenden Krankheit in Quarantäne. Flucht und Einschränkung der körperlichen Freiheit waren also auch persönliche Erfahrungen des englischen Philosophen. Seine Schriften kennzeichnet dabei noch ganz der mechanistische und materialistische Sound des 17. Jahrhunderts: »Bewegung«, »Widerstand«, »Körper«, »Raum« – nichts davon ist metaphorisch gemeint. Ebenso sind »Angst« und »Hoffnung« körperliche fundierte Leidenschaften, die uns lähmen oder in Bewegung setzen.

Im 18. Jahrhundert ändert sich die Sprache. Die Rede ist nicht mehr von der natürlichen oder körperlichen Freiheit, sondern von einer neuen Idee: den Menschenrechten. Während der Französischen Revolution wurde das Recht auf Reise- und Bewegungsfreiheit als Teil des umfassenderen Rechts auf Handlungsfreiheit verstanden. Die Idee war, dass man die Bürger (und später auch die Bürgerinnen) nicht gegen ihren Willen an ihrem Wohnsitz oder im Land festhalten und einsperren dürfe. Jeder sollte eine Arbeit auch im Ausland suchen und sich mit Menschen in anderen Ländern austauschen und verbinden können: »Das Herz hat sein Bürgerrecht in allen Ländern.«[11] So war die Revolution auch eine Revolution für die Migration. Die französische Verfassung vom September 1791 garantierte gleich in ihrem ersten Artikel »die Freiheit jedes Menschen zu gehen, zu bleiben, zu reisen, ohne verhaftet oder gefangen gehalten zu werden«.[12]

Bereits vorher hatte der einflussreiche englische Rechtsgelehrte William Blackstone das Recht auf Auswanderung zu einem zentralen Bestandteil des Rechts auf persönliche Freiheit erklärt. Jeder Engländer habe das Recht, sich innerhalb und über die Grenzen des Königreichs hinaus zu bewegen, »to whatsoever place one's own inclination may direct, without imprisonment and restraint« [wohin auch immer seine Neigung ihn führen mag, ohne eingesperrt oder zurückgehalten zu werden].[13] Auch wenn dieses Recht durch eine besondere Verfügung des Königs eingeschränkt werden konnte, war es doch fortan fest im englischen Freiheitsbewusstsein verankert, auch in der Auseinandersetzung mit den Siedlern in den Kolonien. Die globale Bewegungsfreiheit – *liberty of locomotion* – wurde bis ins späte 19. Jahrhundert beschworen, wenn es darum ging, zum Beispiel gegen Verhinderung der Ein- und Auswanderung von chinesischen Arbeitern innerhalb des britischen Empire zu protestieren.[14]

Nach dem Zweiten Weltkrieg machte sich die ganze Welt zumindest verbal das Recht auf Bewegungsfreiheit zu eigen. Freizügigkeit und Bewegungsfreiheit wurden in die Allgemeine Erklärung der Menschenrechte von 1948 sowie in die nachfolgenden internationalen Menschenrechtspakte aufgenommen. Artikel 13 der Allgemeinen Erklärung der Menschenrechte garantiert das Recht jedes Menschen auf Mobilität innerhalb des Staatsgebiets, in dem er sich rechtmäßig aufhält, sowie das Recht auf Auswanderung einschließlich des Rechts eines Ausgewanderten, in sein Heimatland zurückzukehren. Dieses Recht schließt allerdings kein Recht auf Einwanderung ein.

Dass die Menschen ein Recht haben sollen, ihr Land zu verlassen, ohne zugleich das Recht zu haben, in ein Land ihrer Wahl einreisen zu dürfen, wird regelmäßig als widersinnig und skandalös beklagt. Schauen wir uns dieses Argument etwas genauer an. Die Weigerung eines Staates, eine einzelne Migrantin aufzunehmen, mag mehr oder weniger gut begründet sein, berührt aber nicht ihr grundsätzliches Recht auf Auswanderung. Schwieriger wird die Sache, wenn sich viele Staaten, zum Beispiel sämtliche Mitgliedsstaaten der Europäischen Union, darauf einigen, systematisch Migranten aus anderen Weltregionen abzuwehren. Dies geschieht zurzeit durch die Auslagerung europäischer oder amerikanischer Grenzkontrollen in afrikanische beziehungsweise lateinamerikanische Länder. Diese Auslagerung wird erreicht durch die Ausbildung von Grenztruppen in diesen Ländern, die Finanzierung von Auffanglagern, die Lobbyarbeit für restriktive Gesetze, die Subventionierung autoritärer Regierungen oder privater Milizen sowie das Sammeln und Speichern biometrischer Daten afrikanischer Migranten fernab von Europa.

Durch solche Maßnahmen erreicht die globale Abwehrpolitik eine kritische Schwelle, weil die Verweigerung des Rechts auf Einwanderung auch das Recht auf Auswanderung einschränkt. Wer sich aus dem Süden kommend der Sahara, dem neuen Todesstreifen Europas, nähert, ist automatisch verdächtig, wird angehalten und bestraft.[15] Die Aussperrung der unerwünschten Anderen geht über in ihre Einsperrung in fernen Ländern, Transitzonen oder Lagern. Wenn aber sämtliche Staaten, in die potenzielle Auswanderer einwandern wollen, ihre Grenzen verschließen, ist das Recht auf Auswanderung wertlos.

## REVOLUTION DURCH MIGRATION

Was passiert, wenn ein Staat seinen Menschen das Recht auf Auswanderung konsequent verwehrt, kann man am Beispiel der untergangenen DDR studieren. Die Geschichte vom Niedergang der Mauergesellschaft ist auch die Geschichte einer Revolution für die globale Bewegungsfreiheit. Die verbreitete nationalpolitische Deutung der deutsch-deutschen Wiedervereinigung ist daher zumindest einseitig. Frank Wolff hat in seiner Analyse des innerdeutschen Migrationsregimes sowohl den Widerstandscharakter der wachsenden Ausreisebewegung in der DDR herausgearbeitet als auch die Motive beschrieben, die Ausreisewillige in ihren Anträgen oder bei den anschließenden Verhören nannten. So beriefen sich nach der Unterzeichnung der Schlussakte der Konferenz über Sicherheit und Zusammenarbeit in Europa (KSZE) in Helsinki im August 1975 immer mehr Ausreisewillige auf die Menschenrechte. Selbst das Ministerium für Staatssicherheit gab zu, dass nur eine Minderheit den Sozialismus ablehnte. Stattdessen dominierten private Motive und der Wunsch nach einer Verbesserung des eigenen Lebens. Die Menschen wollten, so gaben sie immer wieder zu Protokoll, lediglich »arbeiten, Geld verdienen, sich die Welt ansehen«, sich »selbständig machen« oder einfach »gut leben«.[16] Das gute Leben aber, so schien es ihnen, konnte es im falschen Staat nicht geben.

Selten war das Private politischer. Ohne Bewegungs- und Reisefreiheit war es aus der Perspektive zahlloser Auswanderungswilliger irgendwann nicht mehr möglich, gut zu leben, geschweige denn, die Welt zu sehen. Visafreie Reisen waren ab 1972 nur in die Tschechoslowakei und nach Polen möglich (nach Polen aber nur bis 1980). Wer im Sommer einen Campingurlaub woanders im Ostblock plante, zum Beispiel am beliebten Plattensee in Ungarn, brauchte einen Reisepass, der bei der Volkspolizei beantragt werden musste. Der Reisepass galt als Privileg, über den die zuständigen Beamten nach Gutdünken entschieden. Man musste sich in Geduld üben. Nachfragen galten als verdächtig. Wurde das Visum gewährt, musste man zur Staatsbank, um DDR-Mark in ungarische Forint zu wechseln. Da Devisen streng kontingentiert waren, durfte man nur 30 Mark pro geplanten Urlaubstag umtauschen. Das war schon damals wenig Geld. Mit einer separat zu beantragenden Zollerklärung durfte der Tourist nach der Ankunft in Ungarn noch einmal etwas Geld tauschen. Manch einer ließ sich dank guter Beziehungen zur Volkspolizei gleich mehrere Zollerklärungen ausstellen, um an Devisen zu kommen. Die anderen packten jede Menge Konserven in die Urlaubskoffer, um auf dem Campingplatz über die Runden zu kommen.

Das sind die Geschichten aus den achtziger Jahren, die Ostdeutsche heute erzählen. Sie helfen uns zu verstehen, warum »Reisefreiheit« zunächst ein tausendfacher individueller Wunsch war, der sich dann aber zu einem zentralen kollektiven Motiv für die Opposition in der DDR verdichtete. Die verstaubte Parole der westdeutschen Autolobby »Freie Fahrt für freie Bürger« wurde ein Slogan der Leipziger Montagsdemonstrationen, die im Herbst 1989 begannen und die friedliche Revolution gegen das Regime einleiteten. Andere Parolen waren »Reisefreiheit statt Massenflucht« und das sehnsuchtsvolle »Visafrei bis nach Hawaii«.[17]

Wolff zeigt in seiner Geschichte der DDR als *Mauergesellschaft*, dass es falsch ist, die Opposition gegen das Regime der SED auf diejenigen zu begrenzen, die, wie sie sagten, im Land blieben und sich wehrten. Auch diejenigen, die nur noch wegwollten, waren ein Teil der Opposition, und zwar letztlich der viel mächtigere Teil. »Abwanderung« und »Widerspruch« bildeten keine Gegensätze.[18] Der in Abertausenden von Ausreiseanträgen bekundete Wille, die DDR zu verlassen, war für die Antragsteller mit hohen Risiken verbunden und verwickelte sie in oft jahrelange Zwangsgespräche mit den Behörden, in denen sie andauernd zum Widerspruch genötigt waren. Viele der Ausreisewilligen standen untereinander im Austausch, teilten Informationen und machten einander Mut. Diejenigen, die es bereits in den Westen geschafft hatten, hielten den Kontakt mit jenen aufrecht, die noch im Osten waren, sodass größere, für die Stasi immer schwerer zu kontrollierende Netzwerke entstanden.

Die bittere Ironie ist, dass die Menschen, die nichts weiter als ihr Menschenrecht auf Auswanderung in Anspruch nahmen und dabei nebenbei den Zusammenbruch einer Diktatur beschleunigten, in Ost und West gleichermaßen geringgeschätzt wurden. Im Westen hielten sie viele für bloße Wirtschaftsflüchtlinge, die zu hohe Sozialleistungen bezögen, wie der damalige SPD-Kanzlerkandidat Oskar Lafontaine im Bundestagswahlkampf 1990 bemerkte. Im Osten galten sie bei vielen Bürgerrechtlern wie auch beim Staat als »Egoisten«, für die einen, weil sie angeblich den Weg des geringsten Widerstands wählten und sich aus dem Staub machten, für die anderen, weil sie keine Opfer mehr bringen wollten für die Ideale des Sozialismus.[19]

In Wirklichkeit jedoch folgten die Flüchtlinge und Ausreisewilligen nur dem, was Hobbes in der Sprache des 17. Jahrhunderts die »Gesetze der Natur« und die »Leidenschaften« nannte. Zu diesen Leidenschaften gehört die Angst vor dem Tod, die der Staat durch den Schießbefehl an der Grenze kultivierte. Dazu gehören aber auch »das Verlangen nach Dingen, die zu einem angenehmen Leben notwendig sind und die Hoffnung, sie durch Fleiß erlangen zu können«.[20] Die DDR konnte weder dieses Verlangen nach Dingen stillen noch die Hoffnung erfüllen, sie durch Arbeit erlangen zu können. Da der Staat gleichzeitig den Radius der Reisefreiheit dermaßen eng begrenzte und damit die Suche nach Alternativen regelrecht antrieb, setzte er eine Ausreisebewegung in Gang, an der er schließlich selbst zerbrechen musste.

## NOCH EINMAL: DAS RECHT AUF AUSWANDERUNG

Für die DDR war die Auswanderung eine Bedrohung ihrer Existenz, zumal sie mangels Attraktivität diese Auswanderung nicht durch die Einwanderung von Ausländerinnen kompensieren konnte. Die Menschen liefen davon, und die Regierung der DDR starrte auf sie wie auf rieselnde Sandkörner in einer Sanduhr. Aber auch für weniger repressive Gesellschaften kann Auswanderung ein Problem sein. Tatsächlich war es in der Geschichte weniger die Einwanderung als die Auswanderung, die Staatsdenkern Kopfzerbrechen bereitete. Platon kritisierte selbst individuelle Auslandsreisen von Privatleuten. So heißt es im Buch XII der *Gesetze*, dass Reisen von Bürgern, die »in andere Staaten ausschwärmen, sooft einer Lust zu einer Reise bekommt«, mit großer Skepsis zu betrachten seien. Es bestehe nämlich die Gefahr, dass moralisch ungefestigte Reisende, insbesondere solche, die noch keine »vierzig Jahre alt« seien, durch den Eindruck fremder Sitten verwirrt und kulturell verdorben werden könnten.[21]

Ähnliche Vorstellungen herrschten in vielen alten Gesellschaften. In China brauchte man seit den Zeiten der Ming-Dynastie (1368–1644) eine offizielle Erlaubnis, um das Reich verlassen zu dürfen. Das änderte sich erst im 19. Jahrhundert durch imperialistische Kriege und ungleiche Verträge, die das Land gewaltsam für die wirtschaftlichen Interessen des Westens öffneten. Zeitgenössische Beobachter wie der deutsche Geograph Friedrich Ratzel, der den toxischen Begriff »Lebensraum« populär machte, stellten die chinesische Auswanderung ganz offen in einen direkten Zusammenhang mit den »Invasionen der Europäer«, die wiederum nur ein Symptom der »unzweifelhaften Überlegenheit der abendländischen Cultur« seien.[22] Als Folge dieser Invasionen wurden 1842 Shanghai und andere

Häfen für den internationalen Handel geöffnet. 1859 wurde die Provinzregierung von Guangdong von den Briten gezwungen, die Rekrutierung von Vertragsarbeitern zuzulassen. Die Auswanderung war eine Reaktion auf den Druck der Umstände und das weitverbreitete soziale Leid. Zugleich war sie meistens auch das Ergebnis einer bewussten Entscheidung der Migranten, besonders dann, wenn vergleichsweise attraktive Ziele wie Kalifornien, Hawaii oder Australien lockten.

Bei anderen Versuchen, chinesische Arbeitskräfte für die Arbeit auf Plantagen, in Bergwerken oder beim Eisenbahnbau zum Beispiel in Kuba oder Peru anzuwerben, waren Zwang und Täuschung durch Mittelsmänner im Spiel. Der chinesische Kuli, diese Urgestalt des modernen, weltweit gebrauchten und doch verachteten Gastarbeiters, war in aller Regel ein Opfer des Menschenhandels. Ein britischer Konsul berichtete im Jahr 1859 an seine Vorgesetzten, dass sich chinesische Männer in Guangzhou abends kaum noch auf die Straße trauten, weil sie Angst hatten, von bezahlten Menschenfängern gekidnappt und auf Schiffe verfrachtet zu werden, die am nächsten Morgen zu allen möglichen europäischen Kolonien in Afrika, Amerika und Südostasien aufbrachen.[23]

Dieses kleine Schlaglicht auf die globale Migrationsgeschichte zeigt, dass Auswanderung beides sein kann: ein fundamentales Recht potenzieller Migranten, aber auch das Resultat von Zwang und imperialistischer Einmischung zum Schaden von Migranten und ihren Herkunftsländern. Inzwischen sind internationale Anwerbeabkommen und Jobbörsen an die Stelle der Menschenfänger getreten. Zugleich wird heute, mehr als 30 Jahre nach dem Untergang der DDR, das Recht auf Auswanderung mit dem anscheinend wohlmeinenden Argument infrage gestellt, dass Auswanderer, indem sie ihrer Gesellschaft den Rücken kehren, oftmals die Entwicklungschancen dieser Gesellschaft beeinträchtigen. Dieses Argument tritt in zwei

Varianten auf: Entweder wird behauptet, arme Länder hätten das Recht, dringend benötige Arbeitskräfte, zum Beispiel Krankenpfleger oder Ärztinnen, an der Auswanderung zu hindern. Oder es wird argumentiert, reiche Länder hätten die Pflicht, die Einwanderung von Fachkräften, die woanders gebraucht würden, zu begrenzen oder zu unterbinden.

Das Stichwort lautet »Braindrain«, es bezeichnet die Abwanderung von gut ausgebildetem Fachpersonal aus ärmeren Ländern in reichere Nachbarstaaten oder in den globalen Norden. So werden inzwischen beispielsweise in Afrika qualifizierte Arbeitskräfte ausgebildet, die in Europas alternden Gesellschaften wichtige Lücken füllen könnten. Selbst in sehr armen Ländern ist für Europa etwas zu holen, nicht zuletzt medizinisches Personal, zum Beispiel in Malawi im Südosten Afrikas. Bis 1993 brauchten Angestellte des öffentlichen Dienstes in Malawi noch eine offizielle Genehmigung für Auslandsreisen. Als die Auswanderungskontrollen aufgegeben wurden, kam es zu einem deutlichen Anstieg der Abwanderung von Krankenschwestern und Ärzten. Vor allem Großbritannien bemühte sich jahrelang darum, Personal aus Krankenhäusern für das eigene nationale Gesundheitssystem anzuwerben. Mehr Krankenschwestern verließen das Land, als Nachwuchskräfte ausgebildet werden konnten. Das Resultat dieser langsamen Austrocknung: Im Jahr 2004 kamen auf 100 000 Einwohner in Malawi nur noch 1,1 Ärzte und 25,5 Krankenschwestern.[24] Zum Vergleich: In den OECD-Ländern kommen heute auf 100 000 Einwohner mindestens 200 Ärztinnen und 400 Krankenschwestern, in Ländern wie Deutschland, den Niederlanden oder Österreich oftmals auch mehr als 400 Ärzte und über 1000 Krankenschwestern.

Es sind solche Fälle einer durch Abwanderung verschärften Unterversorgung armer Länder mit medizinischem Fachpersonal, die eine neue Diskussion über das Recht auf Auswanderung ausgelöst haben. Man müsse sich fragen, schreibt etwa der Wirtschaftsjournalist Philip Plickert, »mit welchem Recht die Europäer erwarten, die Elite der afrikanischen Qualifizierten abzuwerben, die in ihren eigenen Ländern beim Aufbau der Wirtschaft und Staaten helfen könnten«.[25] Diese Aussage hat etwas Beunruhigendes, weil sie rückblickend auch auf die DDR passt: Mit welchem Recht haben Westdeutsche eigentlich die Elite der ostdeutschen Qualifizierten in der Bundesrepublik willkommen geheißen, die in ihrem eigenen Land beim Aufbau der Wirtschaft und des Staates hätte helfen können? Ohne Zweifel hat die DDR durch die kontinuierliche Abwanderung ihres gut ausgebildeten Fachpersonals Wohlstandsverluste erlitten. Die Bundesrepublik hat in der DDR, wie Plickert heute mit Blick auf Afrika sagt, »Entwicklungsmöglichkeiten beschädigt«.[26] Aber was genau folgt aus dieser Feststellung für das Recht auf Auswanderung oder das Recht von Staaten, Einwanderungsbeschränkungen für Fachkräfte aus vergleichsweise schlecht versorgten Staaten zu erlassen? Hätte auch die Bundesrepublik das Recht gehabt, Ausreisewillige zum Verbleib in der DDR zu drängen, um nicht die Entwicklungsmöglichkeiten des Landes zu beschädigen? Ist es manchmal okay, Mauern zu bauen?

Nehmen wir einmal an, man könnte tatsächlich gute Gründe für Grenzschließungen finden, die das Ziel hätten, die Abwanderung von qualifizierten Arbeitskräften aus armen in relativ reiche Länder zu unterbinden. Falls es solche guten Gründe gibt, stellt sich die Frage, warum sie nicht auch in anderen Kontexten berücksichtigt werden sollten. Müsste man nicht auch die Abwanderung von Fachkräften aus osteuropäischen Mitgliedsländern der Europäischen Union in den Westen verhindern und damit das Prinzip der Freizügigkeit innerhalb der EU aufgeben? Denken wir an Rumänien. Seit dem Beitritt des Landes zur EU ist besonders die Auswanderung hochqualifizierter Arbeitskräfte gestiegen, darunter wiederum besonders die von Frauen. Die meisten gehen nach Spanien, Italien oder Deutschland. 26 Prozent aller rumänischen Ärzte arbeiten im Ausland. Daraus entstehen ohne Zweifel Nachteile für die rumänische Bevölkerung. Das gilt vermutlich trotz der Geldtransfers von Emigranten an ihre Familien, die in den vergangenen Jahren zu einem Rückgang der Armut und zu einer Verringerung der Einkommensunterschiede zwischen Stadt und Land in Rumänien geführt haben.[27]

Aber warum in die Ferne schweifen, wenn dieselben Probleme doch auch ganz in der Nähe zu finden sind. So werden in den ländlichen Regionen der neuen Bundesländer seit Jahren die massiven Folgen der Abwanderung beklagt. Es mangelt an Ärzten, Lehrerinnen und Firmengründern. Vor allem junge Frauen wollen häufig dahin, wo sie eine bessere Zukunft für sich sehen, in die Großstädte oder gleich ins Ausland. Zahlreiche Untersuchungen benennen das Problem immer wieder. Junge Frauen, heißt es in einer Studie über die Lausitz, sind »eine wichtige Entwicklungsressource für die peripheren ländlichen Räume«.[28]

Das Problem ist nun aber, dass auswanderungswillige Krankenschwestern aus Malawi, Ärztinnen aus Rumänien und eben auch junge Frauen aus der Lausitz überhaupt nicht einverstanden damit sind, bloße Entwicklungsressourcen für Regionalplaner oder sonstige Strategen zu sein. Manchmal wollen sie einfach nur weg. Dafür mögen sie sehr unterschiedliche Motive haben, über die Staaten nicht zu richten haben. Wer glaubt, dass Staaten das Recht haben, ihre Bürgerinnen an der Ausreise zu hindern, weil sie wichtige Ressourcen für den Aufbau des Landes sein könnten, fällt hinter die Tradition der Aufklärung zurück.

Seit der Aufklärung überwiegt nämlich die Auffassung, dass der Staat von seinen Bürgern legitimiert und getragen wird und folglich nicht berechtigt ist, diese umgekehrt als bloße Instrumente oder »Ressourcen« zur Verwirklichung eines staatlich definierten Gemeinwohls zu behandeln. Was als Gemeinwohl gilt, kann der Staat nicht ohne »seine« Bürger bestimmen.[29] Schon gar nicht darf er sie einsperren. Denn sie sind nicht frei, wenn sie »von Mauern umgeben oder angekettet sind«,[30] auch dann nicht, wenn diese Mauern und Ketten nur aus Gesetzen, Vorschriften oder maschinenlesbaren Reisepässen bestehen.

Die Beobachtung, dass die Abwanderung von jungen Krankenschwestern aus Rumänien, Studentinnen aus der Lausitz oder Ärztinnen aus Malawi negative Konsequenzen für ihre jeweilige Heimat hat, ist für sich genommen kein nachträgliches Argument gegen die erfolgten Grenzöffnungen nach der Aufnahme Rumäniens in die EU, der deutschen Wiedervereinigung oder der Beendigung von Auswanderungskontrollen in Malawi. Sie ist umgekehrt auch kein ausreichend starkes Argument für die Wiedereinführung von geschlossenen Grenzen.

Ausreise- und Auswanderungsbeschränkungen lassen sich nur in globalen Notlagen rechtfertigen. Der Ausbruch einer Seuche würde die betroffenen Staaten legitimieren, Ärzte und anderes medizinisches Personal zur Hilfe bei der Bekämpfung der Seuche zu verpflichten – auch durch Ausreisebeschränkungen. Aber solche Notstandsmaßnahmen betreffen im Prinzip alle, die sich in der Nähe eines Ortes befinden, wo lebensnotwendige Hilfe gebraucht wird. Jeder kennt die Situation im Zug oder im Flugzeug, wenn durch den Lautsprecher nach einem Arzt unter den Passagieren gefragt wird. In einer solchen Situation ist jeder, der gemeint sein könnte, zur Hilfe verpflichtet. »Jeder« heißt: nicht nur die, die die Nationalität der Hilfsbedürftigen teilen, sondern alle, die helfen können und zufällig vor Ort sind. Tun sie es nicht, machen sie sich unterlassener Hilfeleistung schuldig.

Mein Fazit lautet: Niemand im globalen Norden hat das

Recht, Personen aus dem globalen Süden, die mutmaßlich in ihren Heimatländern gebraucht werden, zu sagen, dass sie bleiben sollen, wo sie sind. Die These, dass Bürgerinnen verpflichtet sind, zur Entwicklung ihrer Heimat beizutragen, würde, zu Ende gedacht, auch die Freizügigkeit innerhalb der EU und sogar innerhalb Deutschlands oder anderer Länder beenden. Die Macht des Staates über die Mobilität der Subjekte würde massiv ausgeweitet. Genau dagegen richtete sich bereits die Französische Revolution und mehr noch die friedliche Revolution gegen das SED-Regime im Osten Deutschlands. All dies entbindet uns allerdings nicht von der Aufgabe, darüber nachzudenken, wie durch den Verzicht auf aggressive Anwerbekampagnen oder durch Kompensationszahlungen an die Herkunftsländer Nutzen und Lasten der Abwanderung von Fachkräften fairer verteilt werden können.

## MIGRATION UND DEMOKRATISIERUNG

Menschen dürfen manchmal, wenn es den Herrschern passt, aus Diktaturen auswandern, oft aber müssen sie fliehen. Demokratien gewähren ihren Bürgern dagegen ein Recht auf Auswanderung. Die genannten Beispiele aus Ostdeutschland, Osteuropa und Afrika zeigen, dass der Übergang zur Demokratie die Auswanderung der Jungen, der Frauen, der Ehrgeizigen sogar beschleunigen kann. Zugleich öffnen sich Länder, je demokratischer sie werden, für Einwanderung. Öffnung kann dabei drei Dinge bedeuten: die Bereitschaft, mehr Migrantinnen aufzunehmen, der Verzicht auf willkürliche Kriterien bei ihrer Auswahl und die Entschlossenheit, sie nach ihrer Ankunft in absehbarer Zeit mit den bereits Einheimischen gleichzustellen.

Damit behaupte ich nicht, dass ein Land umso demokratischer ist, je mehr Einwanderung es zulässt, je weniger selektiv es in seiner Einwanderungspolitik vorgeht oder je schneller es Einwanderer einbürgert. Die These ist vielmehr, dass man moderne Gesellschaften nicht beurteilen kann, ohne zu berücksichtigen, wie sie sich nach außen abgrenzen. Die Art, wie Grenzen gesichert und für wen sie durchlässig gehalten werden, verändert die innere Organisation der Gesellschaften. Jeder Fortschritt der Demokratisierung – jede Qualitätsverbesserung der Demokratie – geht mit einer Öffnung des Landes und einer Liberalisierung des Migrationsregimes einher. Das gilt auch umgekehrt: Wer die Grenzen undurchlässig machen will, egal in welche Richtung, führt nichts Gutes im Schilde.

Öffnung der Grenzen heißt: Menschen ins Land lassen und ihnen ein Angebot machen, wie sie irgendwann nach transparenten Regeln zu Bürgerinnen werden können, wenn sie wollen. Natürlich gibt es auch Länder wie die Schweiz oder Liechtenstein, an deren demokratischer Verfassung wir nicht zweifeln, obwohl die Einbürgerung schwierig und langwierig ist. Auf der anderen Seite gibt es Länder wie die Vereinigten Arabischen Emirate, wo 80 Prozent der Einwohner Migranten sind, von denen so gut wie keiner je eine Chance hätte, eingebürgert zu werden. Die bloße Zulassung von Migration sagt uns also überhaupt nichts über den demokratischen Charakter der Aufnahmegesellschaften.

Den umgekehrten Fall repräsentieren Länder wie Australien: Man wird relativ schnell eingebürgert, aber es ist nicht leicht, überhaupt ins Land zu kommen und eine Arbeitserlaubnis zu erhalten. Auf dem »Multikulturalismus-Index« der Universität Kingston in Kanada, der migrantenfreundliche Haltungen und Integrationsmaßnahmen in der Welt anzeigt, erreicht Australien regelmäßig Spitzenwerte. Aber was nützt das, wenn die Migrationspolitik höchst selektiv ist und insbesondere Flüchtlinge weitgehend ausgeschlossen werden?

Dürfen Demokratien sich nicht aussuchen, wen sie ins Land

lassen? Doch, sie dürfen, aber nur innerhalb bestimmter Grenzen. Ein Land, das eine Demokratie sein will, darf Migrantinnen bevorzugen, die bestimmte berufliche Qualifikationen oder Sprachkenntnisse mitbringen, das heißt Fähigkeiten, die durch Arbeit und Anstrengung erworben werden können. Eine Demokratie darf aber umgekehrt Einwanderer nicht nach ihrer geographischen Herkunft, ihrer sexuellen Orientierung, ihrer Hautfarbe oder ihrer Religion aussuchen, das heißt nach Eigenschaften, die Einwanderungswillige gar nicht oder nicht willkürlich ändern können. Wer Einwanderungswillige nach solchen Eigenschaften klassifiziert, behandelt sie nicht als Personen, sondern als zählbare Exemplare bestimmter Menschensorten. So haben etwa die Vereinigten Staaten bis 1965 das Ziel verfolgt, ein überwiegend weißes Land zu bleiben, das ungefähr die nach Hautfarben bestimmte Zusammensetzung der Bevölkerung aus dem Jahr 1920 konservieren sollte. Diese Einwanderungspolitik ist nach dem Zweiten Weltkrieg unter Harry Truman und Lyndon B. Johnson zugunsten einer Politik aufgegeben worden, die das Land im Prinzip für die gesamte Menschheit öffnete.

Eine solche Wende war notwendig geworden, nachdem die amerikanische Bürgerrechtsbewegung an Einfluss gewonnen hatte und die Bevorzugung oder Diskriminierung von Menschen aufgrund ihrer Zugehörigkeit zu einer »Rasse« unhaltbar geworden war. Die Liberalisierung der Einwanderungspolitik war somit eng verknüpft mit einer Demokratisierung im Inneren des Landes. Einwanderungspolitik ist immer zugleich Innen- und Außenpolitik. Migrationspolitische Selektionskriterien senden Botschaften an potenzielle Einwanderer wie auch an die eigenen Bürgerinnen. Wer keine Muslime oder keine Chinesinnen einwandern lassen will, wertet damit auch die Muslime oder Chinesinnen ab, die bereits im Land sind.

Ein weiteres, oft genanntes Selektionskriterium ist die demokratische Gesinnung von Migranten. Demokratien müssten das Recht haben, so heißt es, Menschen mit offenkundig undemokratischen Überzeugungen abzuweisen. Daran ist richtig, dass Migranten nicht automatisch auch Demokraten sind, nur weil sie ihr demokratisches Recht auf Auswanderung geltend machen. In Brasilien hat die deutsche Einwanderung vor dem Zweiten Weltkrieg die faschistischen Strömungen im Land gestärkt.[31] Heute werden in Europa immer wieder einzelne Hassprediger oder polizeibekannte Extremisten an der Einreise gehindert. Aber leider wird das Argument der Abwehr von Feinden der Demokratie durch Grenzschließung überstrapaziert, um die Bevölkerungen ganzer Weltregionen pauschal als undemokratisch oder illiberal zu stigmatisieren. So wird Einwanderung zu einer Gefahr für die Demokratie stilisiert. Dabei ist nicht zu erkennen, dass jemals in der Geschichte eine Demokratie durch die Einwanderung von Nichtdemokraten zu Fall gebracht wurde. Demokratien haben sich bisher immer noch selbst abgeschafft, oft mithilfe des eigenen Wahlvolks.

Umgekehrt kann man leicht Beispiele dafür finden, dass politische Eliten nicht selten Angst hatten vor der Beschleunigung demokratischer Entwicklungen durch Einwanderung. So machten sich in Chile nach der gescheiterten deutschen Revolution von 1848 die konservative Oligarchie und die Großgrundbesitzer gegen die Einwanderung aus Deutschland stark, weil sie Angst hatten vor einer ganz bestimmten Art von Braindrain, nämlich der Zuwanderung revolutionärer Geister. Lasst bloß keine Doktoren und Rechtsanwälte ins Land, hieß es damals über deutsche Migranten, von denen bekannt war, dass sie sich nach Redefreiheit, Versammlungsfreiheit und ausdrücklich auch nach Bewegungsfreiheit sehnten.[32]

Allgemein gesprochen kann die Verbesserung der Demokratie durch Einwanderung auf folgenden drei Wegen geschehen: Einheimische werden durch den alltäglichen Umgang mit

Migrantinnen zu besseren Demokraten; Einwanderer werden in der demokratischen Aufnahmegesellschaft zu (besseren) Demokraten; Einwanderer sind demokratischer als die Einheimischen und verschieben dadurch die Kräfteverhältnisse in der Aufnahmegesellschaft. Schauen wir uns zum Schluss diese drei Thesen etwas genauer an.

1. Zumindest für die Bundesrepublik der unmittelbaren Nachkriegszeit kann man schlecht behaupten, dass die Deutschen gute Gründe hatten, sich im Verhältnis zu den Nachbarländern als die besseren Demokraten zu fühlen. Die Generation der NS-Täter saß immer noch oder schon wieder sattelfest in zahlreichen Institutionen. Die völkische Ideologie war noch in den Köpfen präsent. Bei den Demonstrationen der Studentenbewegung mussten sich die Teilnehmer immer wieder Sprüche von Passanten anhören, die sich wünschten, man möge die Protestierenden »ins Lager stecken« oder »an die Wand stellen«. Die Anwerbung von Gastarbeitern seit Mitte der fünfziger Jahre, erst aus Italien, dann aus Griechenland, Spanien, der Türkei und weiteren Ländern war eine wirtschaftliche Notwendigkeit. Von einer Willkommenskultur konnte keine Rede sein. Aber die Zuwanderung begünstigte dann doch auch eine kulturelle Öffnung der Gesellschaft. Die Deutschen lernten, die hehren Prinzipien ihrer neuen Verfassung auch im Alltag zu leben. Sie wurden geschmeidiger darin, mit der Verschiedenheit der Menschen umzugehen, und übten sich in dem, was Hobbes das wechselseitige »Entgegenkommen« – *complaisance* – nannte.[33] Schließlich wurden die Deutschen europäischer, indem ihre Regierung in den neunziger Jahren des letzten Jahrhunderts endlich allen Ausländerinnen im Land das einklagbare Recht gewährte, sich einbürgern zu lassen und selbst Deutsche zu werden. Rückschläge wie die leider immer wieder auflebende Diskus-

sion um eine verbindliche »Leitkultur« ändern nichts daran, dass die deutsche Demokratie auch durch Einwanderung demokratischer geworden ist.[34]

**2.** Aber was ist mit den Migranten in der Demokratie? Werden sie durch das Leben in der demokratischen Aufnahmegesellschaft ebenfalls zu Demokraten oder zu besseren Demokraten? Die Debatte um diese Frage wird von massiven Vorurteilen beherrscht und bringt immer wieder die Volksseele zum Kochen. Migrantinnen gelten als selbstverständlich weniger demokratisch, weniger minderheitenfreundlich und weniger liberal als »wir«. Dieses Vorurteil wird regelmäßig durch Falschmeldungen gestützt. Ich begnüge mich mit einem Beispiel, nämlich der Berichterstattung über das politische Wahlverhalten der »Türken« in Deutschland.
Am 24. Juni 2018 fand in der Türkei eine Präsidentschaftswahl statt, aus der Recep Tayyip Erdoğan, ein nationalistischer und islamistischer Autokrat, siegreich hervorgehen sollte. Auch in Deutschland konnten sich Menschen mit einem türkischen Pass registrieren lassen und an den Wahlen teilnehmen. Nach den Wahlen wurde überall berichtet, dass »die Türken« in Deutschland mit überwältigender Mehrheit Erdoğan gewählt hätten. Die AfD klebte sogleich Plakate mit dieser Botschaft. »Wie anders wir doch sind als diese Moslems, so frei und liberal!«, sollten die Leute denken. Auch seriöse Journalisten behaupteten, dass die Sehnsucht nach autoritären Führern bei den Türken in Deutschland noch größer sei als bei den Türken in der Türkei. Fast 65 Prozent der »Deutschtürken« hätten Erdoğan gewählt.[35] Diese Zahl kam ganz objektiv daher, verzerrte aber die Realität bis zur Unkenntlichkeit.
Der Duisburger Politikwissenschaftler Achim Goerres hat gezeigt, dass die Zweidrittelmehrheit für das autoritäre Re-

gime in der Türkei überhaupt nicht repräsentativ ist für die türkischstämmige Community in Deutschland. Die Zahl ergibt sich, wenn man die Stimmen, die an türkischen Konsulaten in Deutschland für Erdoğan abgegeben wurden, zur Summe der insgesamt abgegebenen Stimmen in Beziehung setzt. Das mag ein übliches Verfahren sein bei regulären nationalen Wahlen, ist aber grob irreführend, wenn man daraus Aussagen über die politische Gesinnung einer ganzen Migranten-Community ableiten will. Plausibler wäre es, von der Zahl der Wahlberechtigten auszugehen, die in Deutschland an der türkischen Präsidentschaftswahl teilnehmen durften. Das sind 1,6 Millionen, von denen Erdoğan aber nur 23,5 Prozent der Stimmen erhielt.

Hinzu kommt, dass die türkischstämmige Community in Deutschland – die Gruppe der »Deutschtürken« – viel größer ist als die Gruppe derer, die einen türkischen Pass besitzen. 1,2 Millionen derjenigen, die von den meisten Deutschen im Alltag als »Türken« wahrgenommen werden, haben nur den deutschen Pass. Wir wissen aus Umfragen, dass bezogen auf die gesamte Community die übergroße Mehrheit der Türkeistämmigen gegen die Errichtung eines autokratischen Regimes in der Heimat ihrer Vorfahren ist. Wir wissen auch, dass diejenigen, die in Deutschland wahlberichtigt sind, mehrheitlich Mitte-links wählen und, anders als die Mehrheitsdeutschen sowie Spätaussiedler aus der ehemaligen Sowjetunion, immun sind gegen die AfD.[36] Kurz: Die Nachkommen türkischer Gastarbeiter sind im Durchschnitt mindestens so demokratisch wie ihre deutschen Nachbarn.

**3.** Was ist nun, wenn Migranten schon bei ihrer Ankunft demokratischer sind als der Durchschnitt der Bevölkerung in der Aufnahmegesellschaft? Das war sicher der Fall bei den meisten, die nach 1933 ins Exil getrieben wurden und nach dem Krieg in das zerstörte Deutschland zurückkehrten. Hier haben die Remigranten positiv auf die Festigung der Demokratie gewirkt. Generell gibt es jedoch keinen Automatismus. Ursprünglich demokratisch gesinnte Migranten in autoritären Ländern können Gefallen finden am Autoritarismus, während auch der umgekehrte Fall häufig zu beobachten ist, dass Migrantinnen aus autoritären Ländern in demokratischen Ländern die Demokratie schätzen lernen. In Hongkong haben Filipinos ihren chinesischen Kolleginnen beigebracht, ihre demokratischen Handlungsspielräume zu erweitern und zum Beispiel wirkungsvolle Demos zu organisieren.[37]

So zahlreich die Beispiele sind für solche demokratischen Transfers, so wenig eignen sie sich für eine planvolle Umgestaltung autoritärer Staaten. Aber als Gedankenexperiment und Provokation ist die Vorstellung einer solchen Umgestaltung durch die Einfuhr demokratisch gesinnter Migranten reizvoll. Auf weltweiten Ranglisten der Demokratien liegen inzwischen EU-Mitglieder wie Ungarn, Rumänien oder Polen hinter manchen afrikanischen Nationen: Der Rechtsstaat funktioniert in Botswana und Ghana besser als in Ungarn.[38]

Oder nehmen wir die Pressefreiheit. Nach Berechnungen von »Reporter ohne Grenzen« schneiden Ghana und der Senegal deutlich besser ab als Polen; Botswana und Südafrika besser als Rumänien; Malawi und Sierra Leone besser als Ungarn; Angola und Tunesien besser als Bulgarien.[39]

Wenn es Europa ernst wäre mit der Demokratie und der Freiheit, müsste sich der Kontinent für Migrantinnen aus afrikanischen Ländern öffnen, in denen die Menschen eine bessere Demokratie und größere Freiheiten genießen, als es sie in Teilen Europas gibt. Vielleicht würden diese Freiheiten dann bei uns wirksamer verteidigt.

Kapitel 4

# LOB DES MENSCHENSCHMUGGELS

## Die Herstellung globaler Bewegungsfreiheit mit anderen Mitteln

Aber in diesem Jahr ist an der ganzen Grenze ein Vorhang gefallen. Von unseren Mauern starren wir in die Einöde hinaus. Gut möglich, dass schärfere Augen als die unseren zurückstarren.[1]

*J. M. Coetzee, Warten auf die Barbaren*

Viele der jüdischen Familien aus der Umgebung der kleinen Stadt im südlichen Schwarzwald, aus der meine Mutter stammt, machten sich rechtzeitig aus dem Staub, nachdem ihnen klar geworden war, dass sie in Deutschland ihres Lebens nicht mehr sicher waren. So jedenfalls hat man mir die Geschichte erzählt. Bis 1938 konnte man noch weitgehend ungehindert in die nahe gelegene Schweiz ausreisen. Später machte die Alpenrepublik ihre Grenzen für Juden und politisch Verfolgte dicht, bestrafte die »Emigrantenschlepperei« und drohte illegal Eingereisten mit der Auslieferung an die deutschen Behörden. Man musste sich auf verschlungenen Wegen hinausschleichen, etwa in der Region Schaffhausen, wo die Grenze unregelmäßig verläuft und man nachts von Deutschland aus die Lichter der Häuser auf der schweizerischen Seite sehen konnte. Dann, am 30. August 1942, hielt der Schweizer Bundesrat Eduard von Steiger eine berüchtigte Rede, in der er die Schweiz mit einem bereits überfüllten »kleinen Rettungsboot« verglich. Gerne würde man ja mehr Flüchtlinge aufnehmen, aber man müsse – leider,

leider – die Flüchtlinge vor falschen Hoffnungen warnen und sie abweisen. Die Rede vor dem gut gelaunten Publikum eines christlichen Blasmusikfests gipfelte in dem Satz »Das Boot ist voll«.

Diese unselige Metapher bedeutet damals wie heute, dass zwischenstaatliche Grenzen für Flüchtlinge zu Todesfallen werden können. Damit blieb Schutzsuchenden, um in der Seemannssprache zu bleiben, nichts anderes übrig, als die »Boote« anderer Staaten illegal zu entern. Dies wurde allerdings immer schwieriger, sodass man sich der Hilfe ortskundiger und nervenstarker Fluchthelfer auf beiden Seiten der Grenze bedienen musste. Ohne sie war es fast aussichtslos, über die Grenze in das jeweils noch sichere Nachbarland zu gelangen – raus aus Belgien, den Niederlanden oder Polen in die Schweiz, über die Pyrenäen nach Spanien oder Portugal oder mit gefälschten Papieren auf ein Schiff nach Nord- oder Südamerika, in die Türkei, nach Indien, China oder Südafrika. Um all dies zu ermöglichen, war eine Infrastruktur notwendig, zu der auch Kontakte zur Unterwelt gehörten. Nur so konnte man geheime Verstecke, Werkstätten für die Fälschung von Pässen und Visa, medizinische Nothilfe, Fahrzeuge und schließlich Schleuser organisieren, die man in der Schweiz und Frankreich *passeurs* nannte, was wörtlich übersetzt heißt: Fährmänner. Deren Aufgabe bestand darin, Menschen aus größter Gefahr an das rettende Ufer eines halbwegs sicheren Ankunftslandes zu bringen.

Schon damals wurde der Menschenschmuggel als ein schmutziges Geschäft dargestellt, organisiert von skrupellosen kriminellen Banden. Das war allerdings nur die halbe Wahrheit. Es gab Organisationen, die im besetzten Frankreich und Polen jüdische Kinder mit gefälschten Papieren außer Landes schleusten, um sie vor den Menschenjägern Nazideutschlands in Sicherheit zu bringen. Aktivisten für »migrantische Gerechtigkeit« in Vancouver haben vor einiger Zeit Plakate drucken lassen, auf denen zum Beispiel an Irena Sendler erinnert wurde, eine katholische Sozialarbeiterin, die 2500 Babys und Kinder aus dem Warschauer Ghetto herausschmuggelte, manchmal in Kartons oder Koffern. »I am a human smuggler«, stand stolz auf den Plakaten.[2] Die Fluchthilfe während des Zweiten Weltkriegs hat vielen Tausenden das Leben gerettet, und Namen wie Madeleine Barot, Varian Fry, Raoul Wallenberg, Lisa Fittko, Adolfo Kaminsky und viele andere werden auch heute wieder von Menschen gegoogelt, die sich für das Thema Fluchthilfe als einer Form der Befreiung interessieren.

Nach dem Bau der Berliner Mauer beobachteten wir ein ähnliches Muster: sowohl das Nebeneinander von gewerbsmäßigem und idealistisch motiviertem Menschenschmuggel als auch den Streit darüber, wie der Menschenschmuggel moralisch und juristisch zu bewerten sei. In der DDR galt Fluchthilfe als »staatsfeindlicher Menschenhandel«. Das Propagandabild des »Menschenhändlers« diente dazu, auswanderungswilligen Bürgerinnen jeden Eigensinn abzusprechen und sie als verführte Opfer westdeutscher Agenten darzustellen.[3] Anders in der Bundesrepublik. Hier wurden sowohl die Flüchtlinge als auch ihre Helfer in den ersten Jahren nach dem Mauerbau 1961 geradezu gefeiert. Fluchthelfer waren moralische Helden, denen man Bücher und Filme widmete. In den siebziger Jahren machte nach Schätzungen etwa die Hälfte aller Flüchtlinge von Fluchthelfern Gebrauch, die sie beim Graben von Tunneln unterstützten oder Personen in Autos versteckten.[4] Die Kosten für die in Anspruch genommene Fluchthilfe konnten Übersiedler, einmal in der Bundesrepublik angekommen, sogar steuerlich absetzen. Auch ermittelte niemand gegen sie wegen Urkundenfälschung oder ähnlicher Delikte. Später änderte sich das, und Fluchthelfer wurden als Störenfriede der Entspannungspolitik betrachtet. Nach dem Fall der Mauer und der Wiedervereinigung wollte man rückblickend wieder auf der richtigen Seite der Geschichte stehen und lobte erneut die Fluchthilfe von Ost nach West. Ehemalige Fluchthelfer, die als politische Gefangene in der Stasi-Sonderhaftanstalt Bautzen einsaßen, wurden mit dem Bundesverdienstkreuz ausgezeichnet.[5]

Aus der Sicht der alten Staatstheorien der Aufklärung ist dieses Hin und Her in der Bewertung des Menschenschmuggels ganz unsinnig. Von Thomas Hobbes wissen wir: Der moderne Staat ist dazu da, seine Einwohner zu schützen. Nur deswegen schulden sie ihm Gehorsam. Bürgerinnen, die von ihrem eigenen Staat deportiert oder in Todesangst versetzt werden, schulden ihm keinerlei Gehorsam und keine Loyalität. Einen auf den Kopf gestellten Anti-Staat, der einen wachsenden Teil seiner Bürger zur Flucht zwingt und diese gleichzeitig an der Flucht zu hindern versucht, konnte man sich zu Hobbes' Zeiten nicht vorstellen. Ein solcher illegitimer Anti-Staat ist nicht besser als ein Gefängnis. Dazu Hobbes: »Wird jedoch jemand im Gefängnis oder in Fesseln gefangen gehalten oder wird ihm nicht die Freiheit des Körpers gewährt, so kann das nicht ausgelegt werden, als sei er vertraglich zur Unterwerfung verpflichtet, und deshalb kann er alle erreichbaren Mittel einsetzen, um zu entkommen.«[6] Wohlgemerkt: *alle* erreichbaren Mittel – »*by any means whatsoever*«.

Dazu zählen auch die Dienste derer, die bedrängten Personen zur Flucht verhelfen. Falls alle sicheren Nachbarstaaten verkünden, ihr Boot sei voll, ist es gerechtfertigt, sich in diese Staaten hineinschmuggeln zu lassen, um die Freiheit des Körpers geltend zu machen. Hobbes kennt zwar kein allgemeines Widerstandsrecht des Volkes gegen den Staat, wohl aber ein individuelles »Recht auf Überleben«.[7] Sobald das Leben Einzelner vom Staat bedroht wird oder sie zu Feinden erklärt werden, erlischt jegliche Gehorsamspflicht ihm gegenüber. Die betroffenen Individuen kehren gleichsam zurück in den Zustand einer natürlichen Freiheit und dürfen tun, was immer ihrem Recht auf Überleben und Selbsterhaltung dient.

Bleiben wir noch einen Augenblick bei Hobbes, der das Recht auf Überleben keineswegs auf das *nackte* Überleben beschränkt wissen wollte. Zu den natürlichen Rechten, die den Menschen kein Staat jemals nehmen darf, zählt er neben dem Recht auf Luft und Wasser – wir ahnen es – das Recht auf »Körperbewegung«, auf »Verbindungswege von Ort zu Ort« sowie auf »alle Dinge, ohne die ein Mensch nicht oder nicht *angenehm* leben kann«.[8] Daraus schließe ich, dass Menschen das Recht haben, nicht nur zu leben, sondern auch gut zu leben, und dass sie sich auf den Weg dorthin machen dürfen, wo sie die Chance sehen, ein solches Leben führen zu können.

## DIE GRENZEN DES STAATES

Manchmal wird behauptet, der erste Menschenschmuggler sei Moses gewesen, weil er die Israeliten aus Ägypten herausführte ins Gelobte Land. Aber das ist ein schiefer Vergleich. Menschenschmuggel setzt nicht nur Grenzen zwischen Staaten oder Staatenbündnissen voraus, sondern auch eine Überwachung dieser Grenzen durch staatliches Personal. All dies bildete sich erst allmählich im 19. Jahrhundert heraus. Obwohl es damals in Europa bereits Ausweispapiere und passpolizeiliche Grenzkontrollen gab, war es noch weithin üblich, ohne Pässe zu reisen, Papiere zu fälschen und Grenzkontrollen über kleine Umwege zu umgehen. Die Routen wandernder Handwerker waren schwer zu kontrollieren, und Geistliche konnten sich darauf verlassen, dass Grenzschutzbeamte sich nicht trauten, die oft gefälschten Reisepässe allzu genau zu untersuchen. Besonders Österreich erließ strenge Gesetze gegen das unerlaubte »Einschleichen« von Ausländerinnen. Diese Gesetze blieben jedoch oft wirkungslos, weil die Grenzkontrollen lückenhaft waren. Hinzu kommt, dass weite Teile der Bevölkerung die Kontrollen für illegitim hielten und sich von ihnen schlichtweg belästigt fühlten.[9]

An diesem Beispiel möchte ich noch einmal verdeutlichen, was Grenzen überhaupt sind. Grenzen zwischen Staaten oder Staatenbündnissen sind, wenn sie ihren Zweck erfüllen sollen, nicht bloße Hindernisse, sondern, wie Soziologen sagen, sinnhafte Institutionen, die bestimmten nachvollziehbaren Regeln gehorchen. Diese Regeln unterscheiden und sortieren Personen danach, ob, zu welchem Zweck und für wie lange sie eine Grenze überschreiten dürfen. Grenzen existieren nicht ohne ein solches Set von Regeln, die die Bedingungen ihrer Überschreitung festlegen. Mauern und Stacheldraht, Drohnen und Datenbanken sind Mittel, diesen Regeln Nachdruck zu verleihen. Der Ausbau solcher Mittel der Grenzsicherung deutet darauf hin, dass immer mehr Personen die Regeln der legitimen Überschreitung von Grenzen nicht akzeptieren und stattdessen nach neuen Wegen der regelwidrigen Überwindung von Grenzen suchen. Zu diesen alternativen Wegen kann auch die Bezahlung von Fluchthelfern, Schleusern oder Schmugglern gehören.

Diese Stichworte zu einer allgemeinen Soziologie der Grenzen verlieren ihre Abstraktheit, wenn wir sie auf die Situation der europäischen Flüchtlingsbewegung von 2015 und danach anwenden. Grenzen existieren nicht ohne ein Set von Regeln, das die Bedingungen ihrer Überschreitung festlegt. Wenn diese Regeln massenhaft ignoriert werden, gerät die Institution der Staatsgrenze in eine Krise. Der in Berlin lebende syrische Schriftsteller Yassin al-Haj Saleh hat die verstörende Kraft der Flüchtlingsbewegung nach Europa genau darin gesehen, dass sie für einen Augenblick die Staatenordnung bedroht hat, indem Hunderttausende von Menschen auf eigene Faust – und für alle sichtbar – territoriale Grenzen überwunden haben. Die Flüchtlinge »haben etwas Neues in der internationalen Politik erfunden: viele Grenzen zu überwinden und diese Grenzen gleichsam auszulöschen, und zwar auf eine nie da gewesene Weise und so, dass andere es nachmachen können«.[10]

Natürlich übertreibt Saleh, wenn er von der Auslöschung der Grenzen spricht, die, wie wir alle wissen, längst wiederaufgerichtet wurden und geschlossener sind denn je. Und doch trifft er einen wichtigen Punkt. Der Bielefelder Soziologe Andreas Vasilache hat bemerkt, dass die massenhafte regelwidrige Überwindung einer Grenze diese zwar nicht direkt in ihrer Existenz gefährdet, aber doch schwächt. Wenn die Grenze nur noch als ein physisches Hindernis behandelt wird und die Regeln ihrer legitimen Überschreitung missachtet werden, dann erfüllt die Grenze ihre Filterfunktion nicht mehr hinreichend. Wird die regelwidrige Überwindung der Grenze oft wiederholt, kann dies als eine Infragestellung ihrer Autorität angesehen werden, womöglich »mit dem langfristigen Ziel ihrer Abschaffung oder Änderung«.[11]

In diesem Sinne hat die Flüchtlingsbewegung tatsächlich zu einer »Krise« geführt. Die Krise ergab sich nicht aus einer objektiven Überlastung oder Überforderung der Ankunftsstaaten. Staaten sind keine Boote, und es ist völlig unklar, was es heißen soll, dass sie jemals »voll« werden könnten. Staaten können nicht wie Boote nach der Erreichung bestimmter physischer Grenzen einfach kentern. Sehr wohl aber haben sich europäische Staaten dadurch herausgefordert gesehen, dass weder die Außengrenzen der EU noch die nationalen Grenzen innerhalb der EU als legitime Institutionen betrachtet wurden, die in jeder Situation Respekt verdienen. Vielmehr wurden sie lediglich als materielle Hindernisse gesehen, die der eigenen Fortbewegung im Weg standen, ähnlich wie einst die Berliner Mauer. Und auch diesmal waren wieder Fluchthelfer im Spiel. Auf diese Herausforderung haben die EU und ihre Mitgliedsstaaten mit einer großen Erzählung reagiert, in der Flüchtlinge als unschuldige Opfer dargestellt und gleichwohl dazu gedrängt werden, da zu bleiben, wo sie sind. Das wiederum erlaubt es Europa, eine Vielzahl von repressiven Maßnahmen durchzusetzen.

## DIE ERFINDUNG EINES VERBRECHENS

Dass Flüchtlinge nicht vom Fleck kommen sollen, ist ganz wörtlich gemeint. In ihren eigenen Ländern sollen sie bleiben, in Lagern oder wo immer sie gerade sind: »Keine falsche Bewegung!« Auch soll ihnen nicht geholfen werden, sich fortzubewegen. Die folgende kleine Geschichte erläutert, was damit gemeint ist.

An einem Montag im September 2015 hörte Lisbeth Andersen im Süden Dänemarks die Nachricht, dass einige Hundert syrische Flüchtlinge soeben in Rødby gelandet seien. Die Flüchtlinge waren von der Insel Fehmarn mit einer Fähre aufgebrochen und, so hieß es im Radio, machten sich jetzt zu Fuß auf den Weg nach Kopenhagen und weiter zur schwedischen Grenze. Ungefähr 160 Kilometer hatten sie noch vor sich. Andersen, eine ehemalige Vorsitzende des dänischen Kinderschutzbundes, war gerade in der Nähe und beschloss, einige Flüchtlinge ein Stück mitzunehmen. Sie hatte ein großes Auto mit sechs leeren Sitzen. In Rødby traf sie auf Hunderte von völlig erschöpften und desorientierten Flüchtlingen, darunter auch kleine Kinder. Andersen bot einer Familie mit zwei kleinen Mädchen eine Mitfahrgelegenheit an, die sofort dankbar angenommen wurde. Noch im Auto teilte sie ihre Erfahrung auf Facebook, und innerhalb kurzer Zeit waren viele ihrer Freunde bereit, ebenfalls Flüchtlinge nach Kopenhagen zu fahren oder ihnen erst mal bei sich zu Hause eine Pause zu gönnen.

Aber was, mögen Sie sich fragen, hat all das mit Menschenschmuggel zu tun? Nun, Lisbeth Andersen wurde tatsächlich wegen des Verbrechens der »Beihilfe zur unerlaubten Ein- und Durchreise« von Migranten angeklagt und von einem dänischen Gericht zu einer Geldstrafe von 4000 Euro oder 14 Tagen Gefängnis verurteilt. Die Verurteilte fiel aus allen Wolken und sprach davon, dass bloße Menschenfreundlichkeit in Dänemark jetzt eine Straftat sei.[12]

Es scheint, als sei etwas faul im Staate Dänemark – und nicht nur dort. Um zu verstehen, was Lisbeth Andersen passiert ist, muss man sich kurz mit der Politik und der Gesetzgebung rund um den Menschenschmuggel befassen. Nach dem Zweiten Weltkrieg waren Menschenschmuggel und Fluchthilfe zunächst überhaupt kein Thema. Die Genfer Flüchtlingskonvention aus dem Jahr 1951 geht noch selbstverständlich davon aus, dass Flüchtlinge auch ohne gültige Papiere in sichere Länder einreisen dürfen. Staaten sollen von der Bestrafung der irregulären Einreise absehen, sofern sich die Eingereisten »unverzüglich bei den Behörden melden und Gründe darlegen, die ihre unrechtmäßige Einreise oder ihren unrechtmäßigen Aufenthalt rechtfertigen«.[13]

Kein Mensch ist illegal, wenn er irgendwo unrechtmäßig einreist, solange er in einem geordneten Verfahren »Gründe darlegen« kann. Aus der heutigen Sicht der meisten Staaten ist das inakzeptabel großzügig. Wenn es Migrantinnen erlaubt ist, ohne gültige Papiere das Territorium eines Staates zu betreten oder in seine Hoheitsgewässer einzulaufen, dann muss verhindert werden, dass sie die entsprechenden Land- und Gewässerzonen erreichen und damit Gelegenheit bekommen, einen Asylantrag zu stellen. Mit dieser perfiden Volte wird die Verheißung der Verfassung zwar aufrechterhalten, aber potenziellen Asylbewerbern zugleich der Weg zu den Behörden abgeschnitten, bei denen sie ihr Recht geltend machen könnten.

Der Boom des Menschenschmuggels ist eine unmittelbare Reaktion. Auf den Boom wiederum reagierten betroffene Staaten mit entschlossenen Schritten, um den Menschenschmuggel zu unterbinden. So kam es im Jahr 2000 im Rahmen des Übereinkommens der Vereinten Nationen gegen die grenzüberschreitende organisierte Kriminalität zur Unterzeichnung eines internationalen Protokolls gegen die »Schleusung von Migranten«. Darin wird ein deutlicher Unterschied gemacht zwischen der Schleusung von Migranten und dem »Menschenhandel«, der Gegenstand eines eigenen Übereinkommens ist: Die Schleusung von Migranten erfolgt auf Initiative der Migranten selbst, während der Menschenhandel auf der Androhung oder Anwendung von Gewalt oder anderen Formen der Nötigung beruht. Das Protokoll verlangt von den unterzeichnenden Staaten konkrete Schritte zur strafrechtlichen Verfolgung des Menschenschmuggels sowie der Herstellung, der Beschaffung und des Besitzes von gefälschten Ausweisen und Reisedokumenten. Das Protokoll enthält zudem einen Absatz, der Staaten ermächtigt, gegen Schiffe vorzugehen, deren Besatzung im Verdacht steht, Migrantinnen ohne gültige Papiere nach Europa oder in andere Vertragsstaaten zu transportieren. Eine Straftat liegt allerdings nur dann vor, wenn Schleuser Menschen für Geld oder einen sonstigen »materiellen Vorteil« über die Grenze bringen.[14] Falls dagegen Menschen andere Menschen aus humanitären Gründen über Grenzen bringen, soll von einer Strafverfolgung abgesehen werden.

Diese humanitäre Ausnahme ist ein Ärgernis für die Staaten, die das Asylrecht vollständig aushöhlen und die Obergrenze für Flüchtlinge auf null senken möchten. Für diese Staaten gibt es jedoch Anlass zur Hoffnung, weil eine »Beihilfe«-Richtlinie des Rats der Europäischen Union aus dem Jahr 2002 die Vorgaben des Anti-Schleuser-Protokolls der Vereinten Nationen zusätzlich verschärft. Zwar erwähnt auch diese Richtlinie eine humanitäre Ausnahme,[15] aber sie stellt es den Mitgliedsstaaten frei, die Strafbarkeit auch auf uneigennützige Handlungen auszuweiten. Alle möglichen Praktiken des Entgegenkommens, wie beispielsweise die Mitnahme von Anhaltern, können somit als »Beihilfe« zu größerer Bewegungsfreiheit von Migrantinnen gedeutet und polizeilich verfolgt werden. Tatsächlich sind viele EU-Mitgliedstaaten diesen Weg einer extremen Ausweitung des Begriffs der Beihilfe zum Menschenschmuggel gegangen. Nur wenige Staaten, darunter Deutschland, Irland, Luxemburg und Portugal, halten sich strikt an den Wortlaut des Anti-Schleuser-Protokolls, wonach nur die wegen »Schlepperei« angeklagt werden dürfen, denen ein kriminelles Profitmotiv nachgewiesen werden kann.[16]

Diese prekäre Rechtslage hat dazu geführt, dass auch gutwillige und nichts ahnende Bürgerinnen wie Lisbeth Andersen plötzlich wegen Beihilfe zum Menschenschmuggel angeklagt und verurteilt werden konnten. Andersen ist dabei nicht allein. In Italien wurden tunesische Fischer und mehrere Aktivistinnen angeklagt, weil sie Migranten in italienische Hoheitsgewässer transportiert haben. In Frankreich gab es Anklagen gegen Bauern in Grenzregionen, die afrikanischen Flüchtlingen aus Italien eine Suppe gekocht und ihnen Unterschlupf gewährt haben. Ähnliches gilt für Griechenland, wo Ärzte, Taxifahrer, Vermieterinnen und andere Dienstleister ausdrücklich gewarnt wurden, dass jegliche Hilfe für irregulär eingereiste Migrantinnen, auch wenn sie uneigennützig erfolgt, strafbar sei.[17]

Aus afrikanischer Sicht, aber auch aus der Sicht europäischer Menschenrechtler, läuft die europäische Beihilferichtlinie auf eine »Kriminalisierung der Gastfreundschaft« hinaus.[18] Kritikerinnen sprechen auch von polizeilicher Einschüchterung und Disziplinierung. Man wirft den Flüchtlingshelferinnen auf dem Mittelmeer oder an Land vor, dass sie die gegenläufigen oder gar perversen Wirkungen ihrer gut gemeinten Initiativen nicht bedenken. Es sei ja gut und schön, Menschen vor dem Ertrinken zu bewahren oder ihnen nach der Rettung bei der

Weiterreise zu helfen, aber was, wenn sich das herumspricht und immer mehr Menschen aus dem Süden und Osten zu uns kommen? Wird dann nicht alles noch viel schlimmer?

Diese Rhetorik hat der Wirtschafts- und Politikwissenschaftler Albert O. Hirschman Anfang der neunziger Jahre des letzten Jahrhunderts als »reaktionär« beschrieben, weil sie die Befürworter einer Ausweitung von Freiheit und Gleichheit demoralisieren und in den Augen eines noch unentschiedenen Publikums diskreditieren soll.[19] Die Rhetorik folgt einem seit der Französischen Revolution bekannten Muster: Weil ihre Protagonisten naiv und realitätsblind sind, führt die Revolution zum Terror, das allgemeine Wahlrecht zur Ermächtigung demagogischer Führer, die Enteignung der Reichen zur Verarmung aller, die Befreiung der Frauen zum Tod der Familie und so weiter. Kurz: Die Weltverbesserer sind in Wirklichkeit, ohne es zu ahnen, Weltverschlimmerer. Dieses rhetorische Muster liegt der Erzählung zugrunde, die in zahllosen Varianten in Europa verbreitet worden ist, etwa von Sprechern der europäischen Grenzschutzagentur Frontex und in konservativen Medien: Wer heute ein paar Migranten hilft, habe es morgen mit einem unbeherrschbar großen Zuwanderungsstrom zu tun. Es ist wie in Grimms Märchen von dem armen, frommen Mädchen und dem Topf, der auf Kommando süßen Brei kocht, dann aber nicht zu kochen aufhört, bis die ganze Stadt im Brei versinkt.

Gelegentlich ist diese Erzählung zu einer Verschwörungstheorie ausgebaut worden. So wurden die Organisatoren privater Rettungsschiffe im Mittelmeer bezichtigt, zum Geschäftsmodell des Menschenschmuggels beizutragen. Besonders in Italien trieb die Rhetorik einer verdeckten Zusammenarbeit zwischen privaten Helferinnen in Europa und Berufskriminellen in Nordafrika immer neue Blüten. Gemeinsam hätten sie einen regelrechten »Taxiservice« zwischen den verschiedenen Küsten des Mittelmeers eingerichtet, so eine beliebte Metapher. Ein rechter

Blogger und ein Staatsanwalt in Catania mit guten Kontakten zu den Medien trugen dazu bei, die Behauptung einer geheimen Zusammenarbeit zwischen dunklen Kräften in Afrika und den nicht minder dunkel wirkenden Flüchtlingsorganisationen in Europa zu einer gefühlten Wahrheit zu machen.[20]

Es fehlt nicht mehr viel, bis Europa eine Rückkehr des DDR-Narrativs vom »staatsfeindlichen Menschenhandel« erlebt, mit dem Unterschied, dass es diesmal um die Abwehr von Migrantinnen geht und nicht um die Einschließung der Bevölkerung. Wieder stehen Fluchthelfer und ihre Helfershelferinnen als Agenten fremder Mächte unter Anklage. Der bedeutsame Unterschied zwischen der Schleusung von Migrantinnen und dem Menschenhandel wird in der öffentlichen Diskussion erneut verwischt. Menschen, die Not und Elend fliehen wollen, werden als manipulierte Opfer dargestellt, die vor ihren profithungrigen Verführern geschützt werden müssen. Paolo Gentiloni, der ehemalige Ministerpräsident und Außenminister Italiens, hat Menschenschmuggler sogar als die »Sklavenhändler des 21. Jahrhunderts« bezeichnet.[21] So entsteht ein Bild, wie es den europäischen Eliten gefällt. Europa kann weiterhin potenzielle Flüchtlinge im Sinne der Flüchtlingskonvention als unschuldig betrachten und sich als deren Retterin aufspielen, indem es gegen den vermeintlichen Sklavenhandel vorgeht. Dass es auf diese Weise aber Fluchtwillige gleichzeitig daran hindert, einen Weg nach Europa zu finden, wird unauffällig unter den Teppich gekehrt.

## DIE REALITÄT DES MENSCHENSCHMUGGELS

Europa möchte gerne der weiße Ritter sein, der nichtweiße Menschen vor anderen nichtweißen Menschen rettet. Aber das neokoloniale Phantasiebild ist fehlerhaft. Falsch ist zunächst die Vorstellung einer einfachen Täter-Opfer-Beziehung zwischen Menschenschmugglern und geschmuggelten Migranten. Es gibt diese Beziehungen, aber sie kennzeichnen eher die Situation, der Migrantinnen nach ihrer irregulären Einreise in ein neues Land ausgeliefert sind. Migranten ohne gültige Aufenthaltstitel sind in besonderer Weise anfällig für Ausbeutung, völlig unabhängig davon, ob sie Schmugglerdienste in Anspruch genommen haben oder mit einem Touristenvisum eingereist sind, um dann zu bleiben und sich in der Schattenökonomie eine Arbeit zu suchen. All das ist nicht neu. In der Bundesrepublik Deutschland schätzte man die Zahl illegal eingereister ausländischer Arbeiter bereits im Jahr 1970 auf 30 000 bis 60 000. In Frankreich war die Zahl für die Irregulären aus den ehemaligen afrikanischen Kolonien ähnlich hoch. In den sechziger Jahren kamen allein aus Spanien und inbesondere aus Portugal Hundertausende illegal über die Pyrenäen, viele mithilfe von Schleppern.[22]

Falsch ist außerdem die Annahme, dass Schmuggler und ihre Klienten schroff entgegengesetzte Rollen einnehmen. Nicht nur gehen beide Seiten einen impliziten Vertrag ein. Viele Schmuggler waren früher selbst Migranten oder sind es immer noch. Wir haben es mit einer Welt zu tun, in der sich oft mehrere, teils legale, teils illegale Rollen überschneiden, um eine Vielzahl von Verbindungen innerhalb größerer Netzwerke einzugehen. Nichts ist hier einfach schwarz oder weiß. Schauen wir etwas genauer hin.[23]

Der Anteil der Migranten, die weltweit Schmugglerdienste in Anspruch nehmen, ist hoch und wächst. Vor ein paar Jahren lag er bei schätzungsweise 40 Prozent für die Überwindung der Grenze von Mosambik nach Südafrika und bei über 70 Prozent für Menschen aus Ländern am Horn von Afrika, die nach Europa wollten. Solche Zahlen können in die Irre führen, nicht nur, weil sie ungenau sind, sondern mehr noch, weil Flüchtlinge und Migrantinnen normalerweise nicht nur *eine* Grenze zu überwinden haben, sondern viele. Der Bedarf an Schmugglerdiensten variiert aber von Grenze zu Grenze und je nach Kontext. Viele Grenzen, besonders im globalen Süden, sind bis heute weitgehend durchlässig.[24] Nicht selten lassen sich einige Teilstrecken auch legal zurücklegen. So gewährt ein somalischer Pass kaum internationale Bewegungsfreiheit, aber man kann es mit ihm, wenn man das nötige Geld aufbringt, vergleichsweise leicht und legal bis in die Türkei schaffen, wo dann illegale Anschlussmöglichkeiten winken.

Schleuserdienste kann man offenkundig nicht wie eine Pauschalreise buchen, bei der nur wenig schiefgehen kann. Die Einrichtung eines Taxiservice zwischen den Küsten des Mittelmeeres, wie es italienische Politiker Schmugglern und Flüchtlingsaktivistinnen vorgeworfen haben, wäre vielleicht eine gute Idee, entspricht aber bis auf weiteres nicht der Realität. Stattdessen sieht die Wirklichkeit so aus, dass irreguläre internationale Migration für viele sehr gefährlich ist. Die Schleuser sind dabei nicht das Hauptproblem. Zwar sind einige gewalttätig und rücksichtslos, aber Interviews mit Migranten aus Mali haben auch gezeigt, dass zwei Drittel der Befragten mehr oder weniger zufrieden waren mit den Dienstleistungen der Schleuser.[25] Flüchtlinge, die in der türkischen Stadt Izmir interviewt wurden, während sie auf eine Gelegenheit zur Weiterreise nach Griechenland oder Italien warteten, unterschieden klar zwischen moralisch »guten« und »schlechten« Schmugglern. Nur wenige sahen Schmuggler als »Kriminelle«.[26]

Die Anwendung von Gewalt ist für Schleuser untypisch. Sie sind – wie ihre Klienten – selbst oft den Gefahren ausgesetzt, die überall auf den Fluchtrouten lauern können, durch Sicherheitskräfte, Geiselnehmer oder Straßenräuber. In den vergangenen Jahren hinderten zum Beispiel auf dem türkisch-griechischen Grenzfluss Mariza bewaffnete Männer regelmäßig nachts Schlauchboote an der Weiterfahrt nach Griechenland, bedrohten sowohl Flüchtlinge als auch Schlepper und nahmen ihnen das letzte Geld und Handys ab. Je länger die Strecken sind, die Migranten zurücklegen wollen, und je höher die Zahl der Staatsgrenzen, die sie überwinden müssen, desto schwerer lässt sich vorab ihr Risiko für Leib und Leben abschätzen. Die Kette der Personen, denen man trauen muss, ist einfach zu lang.

Am Anfang des Dramas stehen jedoch nicht der Menschenschmuggler und seine mögliche kriminelle Energie. Vielmehr beginnt das Drama mit dem ungedeckten Mobilitätsbedarf von migrationswilligen Personen, die sich mangels legaler Alternativen auf die Dienste von Schmugglern einlassen, um ihrer Situation zu entkommen. Menschenschmuggel ist eine Reaktion auf das Missverhältnis zwischen einem hohen Mobilitätsbedarf und einem niedrigen Grad an Freizügigkeit. Dieses Missverhältnis haben westliche Regierungen mit geschaffen.

Den Ausgangspunkt bilden somit Angebot und Nachfrage auf einem Markt für Mobilitätsdienstleistungen, der laufend umgestaltet wird von den Staaten, deren Grenzen überwunden werden sollen. Der Markt verschwindet nicht, wenn Staaten ihre Grenzen dichtmachen, sondern lebt umgekehrt von geschlossenen Grenzen. Was verschwindet, sind Kunden, die unterwegs sterben, sowie Schleuser, die festgenommen werden. Preise, Transportmittel und das Risiko für Leib und Leben der migrationswilligen Personen ändern sich ständig. So hat zum Beispiel der EU-Türkei-Flüchtlingsdeal aus dem Jahr 2016 zu einem Preisanstieg für Schmugglerdienste und häufig auch zum Einsatz besserer und schnellerer Boote geführt.

Schleuser, die Menschen von Syrien nach Europa, von Somalia nach Südafrika oder von Ecuador in die USA bringen, sind in erster Linie nicht Täter, die sich Opfer suchen, sondern eher Anbieter, die für den Verkauf ihrer Ware – Ermöglichung einer irregulären Einreise – auf Glaubwürdigkeit angewiesen sind. Moderne Menschenschmuggler sind mit Gebrauchtwagenhändlern verglichen worden, weil sie wie diese einen großen Informationsvorsprung vor den Kunden haben, deren Vertrauen sie gleichwohl gewinnen müssen. Menschenschmuggler ähneln Gebrauchtwagenhändlern auch darin, dass sie es sind, die von den Interessenten kontaktiert werden, nicht umgekehrt. Dies bestätigen Untersuchungen über Migranten, die aus Syrien, Somalia oder Ecuador wegwollten und selbst aktiv wurden, um ihre riskanten Pläne zu verwirklichen. All diese Pläne haben eine Konstante: Die Menschen, die sie schmieden, wollen ihr Land verlassen. Aber wohin diese Reise gehen und wie sie verlaufen soll, ist Verhandlungssache und wird nicht selten von den Schmugglern entschieden.

In einigen ehemaligen Sowjetrepubliken, etwa Georgien, sowie in der autonomen Region Somaliland im Norden von Somalia scheint es vorgekommen zu sein, dass Schmuggler oder ihre Mittelsmänner öffentlich für ihre Dienste warben, verschlüsselt auf Plakaten (»Schengen-Visa zu einem guten Preis«) oder sogar an Schulen. Das ist jedoch eher ungewöhnlich. In Afghanistan gilt der Menschenschmuggler manchmal als ein naher Verwandter des kundigen Reiseleiters, der die Gläubigen auf Pilgerfahrten zu heiligen Stätten im Iran oder Irak führt. Ein solcher Reiseführer ist ein *rāhbalad* – einer, der die Wege kennt. Auch der Ehrentitel für eine Person, die die Pilgerfahrt nach Mekka unternommen hat – *hādschī* –, wird gelegentlich von muslimischen Flüchtlingen als Anrede für ihre Schmuggler verwendet. Ein Mann, der noch im hohen Alter die Reise von Afghanistan nach Deutschland angetreten war und den ich in Essen traf, rezitierte einen Vers aus dem Koran (Sure 4, 100), der ihm unterwegs Kraft gab: »Wer auf dem Weg Gottes auswandert, findet auf der Erde viele Auswege und ergiebige Versorgung.«

Inzwischen gibt es allerdings auch immer mehr Hinweise darauf, dass sich Schmuggler nicht mehr auf das traditionelle Prestige religiöser Reiseveranstalter verlassen können, sondern das Vertrauen ihrer Kunden aktiv herstellen müssen. Das tun sie etwa durch ausgezeichnete Kenntnisse über die Sicherheit der gewählten Routen, eine attraktive Ratenzahlung mit variablen Laufzeiten (»Fahre jetzt, zahle später«) oder durch das Versprechen, die Klienten mit einer guten Geschichte für angestrebte Asylverfahren zu versorgen. Mit solchen Angeboten reagieren sie auf die gestiegenen Ansprüche einer Kundschaft, die sich nichts vormachen lässt und auf allerlei Zusagen besteht. In Somalia, Eritrea oder Äthiopien wird zudem durch die sozialen Medien Druck auf Schmuggler ausgeübt. Am Ziel angelangt oder auch schon unterwegs tauschen sich Migranten über ihre Helfer aus und geben Bewertungen ab. Und Schmuggler tun gut daran, viele »Likes« auf sich zu vereinen.

Je nach Region und Sprache gibt es für den Menschenschmuggler oder Schleuser verschiedene klangvolle Bezeichnungen: *qāčāqbar*, *muharrib*, *coyote*. Ein Bekannter in Kabul bestätigt mir, dass das persische *qāčāqbar* eher hart klingt, immer den Schmuggel von Menschen meint (nicht von Drogen) und wahrlich kein Ehrentitel ist. »*Qāčāqbar* – das ist ein Mittel für Leute, die von einem Ort zu einem anderen wandern möchten. Und ein Mittel, um Grenzen leichter überwinden zu können«, so ein anderer Bekannter, der es vor ein paar Jahren nach Deutschland schaffte. Das arabische Wort *muharrib* ist schillernder, etwas respektvoller und wird inzwischen auch in Griechenland und der Türkei für Schleuser verwendet. Schließlich kann das Wort *coyote*, je nachdem wer zuhört, einen eher positiven oder eher negativen Beiklang haben. Historisch genießt der Kojote, auch bekannt als Prärie- oder Steppenwolf, einen denkbar schlechten Ruf in der angloamerikanischen Kultur Nordamerikas. Dafür wird das Tier in der Mythologie vieler indigener Völker derselben Region als intelligent und wandlungsfähig verehrt – als ein notwendiger Störenfried oder Trickster, der durch den Bruch von sozialen Konventionen Neues in die Gesellschaft einführt.

Sind Menschenschmuggler immer Männer? Keineswegs. Sowohl für China als auch für die grenznahen Südstaaten der USA ist die Beteiligung von Frauen am Menschenschmuggel gut belegt. In amerikanischen Chinatowns wird bis heute mit Hochachtung von Cheng Chui Ping, kurz: Schwester Ping, gesprochen, die ein komplexes Netzwerk betrieb, das in den achtziger und neunziger Jahren Tausende von Menschen aus dem Südosten Chinas über Hongkong illegal in die USA brachte. In Arizona sind es ebenfalls oft Frauen, die wichtige Beziehungen knüpfen und als *coordinadoras* von Schmugglerdiensten unauffällig im Hintergrund wirken.[27] Die westliche Zwangsvorstellung von Schmugglern als hypersexuellen, gewalttätigen Räubern, die sich über ihre wehrlosen, stummen Opfer hermachen, dient allein der Aufrechterhaltung einer anderen Phantasie: dass es westlichen Regierungen, die den Menschenschmuggel bekämpfen, um die Befreiung und das Wohlergehen von Migranten ginge.

Eine andere irrige Vorstellung ist die, dass der Menschenschmuggel von Berufsverbrechern betrieben wird, die in einer kriminellen Parallelwelt mit festen Rollen und Hierarchien leben. Das Bild der Schmugglermafia entspricht nicht der Realität dieses wandlungsfähigen Untergrunds, in dem wenig Gewalt angewendet wird und in dem es entgegen der allgemeinen Annahme kaum Überschneidungen mit dem Drogen- oder Menschenhandel gibt.[28] Es passt zum schiefen Mafiabild der Behörden, dass die Grenzschutzagentur Frontex versucht, Schmuggler zu »zählen«, so wie man die Mitglieder einer Organisation zählt. Tatsächlich aber ist die Aktivität des Menschenschmuggels über viele kleine Jobs verteilt, die meistens ganz nebenbei von Personen erledigt werden, die ansonsten ein Café betreiben, Taxi fahren oder in einem Nagelstudio arbeiten. Menschenschmuggel kommt zustande durch das lose organisierte Zusammenwirken unauffälliger, »normaler« Leute, die oft dieselbe Sprache sprechen wie die Migrantinnen und gemeinsame Bekannte und Freunde haben. Der Sozialanthropologe Luigi Achilli berichtet, dass die Flüchtlinge und Schmuggler, die er in einer Küstenstadt der westlichen Türkei interviewte und beobachtete, im selben Hotel übernachteten, in denselben Restaurants aßen und abends in denselben Bars zusammensaßen.[29]

Daraus lernen wir, dass die Rollen im Drama des Menschenschmuggels nicht klar getrennt sind. Kaum jemand ist hauptberuflich oder für immer ein *muharrib*. Da fast niemand ausschließlich ein Menschenschmuggler ist, könnten wir alle es ein bisschen sein. »We are all smugglers«, haben unlängst zwei italienische Expertinnen verkündet.[30] Vielleicht sind wir alle Schmugglerinnen und wissen es nur noch nicht. Vielleicht wird es uns so gehen wie der Dänin Lisbeth Andersen, wenn wir einmal in der Nähe eines Bahnhofs oder Hafens eine verloren wirkende Anhalterin mitnehmen.

## WARUM DER MENSCHENSCHMUGGEL WEITERGEHEN WIRD

Menschen sind spezialisiert darauf, Auswege aus Extremsituationen zu finden. Sie sind zudem außerordentlich hartnäckig darin, nach Wegen zu suchen, ihr Leben zu verbessern. Wenn ihnen dabei Staatsgrenzen und deren willkürliche Überschreitungsregeln in die Quere kommen, werden sie versuchen, diese Grenzen auf eigene Faust zu überwinden oder mit der Hilfe von Reiseveranstaltern der etwas anderen Art. Der Schmuggel von Migranten ist im Kern eine Hobbes'sche Antwort auf die neowestfälische Ordnung einer extrem ungleichen Welt, in der die meisten Grenzen für die meisten Menschen geschlossen sind. Und so ist der Kampf gegen den Menschenschmuggel vergeblich, weil er nur ein Symptom behandelt.

Für die Hartnäckigkeit, mit der Menschen auf ihrer körperlichen Freiheit bestehen, bietet die Geschichte der DDR-Mauergesellschaft besonders beeindruckende Beispiele. Anne Hahn, eine Aktivistin der ostdeutschen Punkbewegung, versuchte kurz vor der Wende, auf dem Umweg über den weiten Osten in den nahen Westen zu fliehen. Als sie über die aserbaidschanische Grenze in den Iran gelangen wollte, um von dort aus weiter zu reisen, scheiterte der Versuch.[31] Anne Hahns Reise endete in einem Gefängnis der DDR-Staatssicherheit, wohl auch, weil im entscheidenden Augenblick die richtigen Fluchthelfer mit den entsprechenden Geländekenntnissen fehlten.

Die Geschichte ist bezeichnend, erinnert sie doch an das japanische Sprichwort, dass, wer es eilig hat, einen Umweg machen soll. Diese Weisheit scheinen sich immer mehr Migrationswillige zu Herzen zu nehmen. Es gibt Anekdoten von Somaliern, die es nach vielen Monaten auf teils legalen, teils illegalen Routen über China in die USA geschafft haben. Senegalesische Frauen und Männer reisen seit einigen Jahren über Ecuador durch Peru und Bolivien nach Argentinien, wo eine rasch wachsende westafrikanische Community entsteht. Die Reise erfordert streckenweise, etwa an der Grenze zwischen Peru und Bolivien, Hilfestellungen durch Schmuggler und kostete bis vor kurzem ungefähr 4600 Euro. Solche weltumspannenden Süd-Süd-Routen, die sich von der Fixierung auf ehemalige koloniale Mutterländer lösen, werden immer wichtiger. Als Pioniere auf diesem Gebiet der Erschließung neuer Migrationsrouten gelten junge Männer aus Mali, die in den neunziger Jahren auf Baustellen in Libyen arbeiteten und erfolgreich

Visa für Brasilien beantragten, wo sie entweder blieben oder weiterzogen nach Argentinien.[32]

Aber es geht auch in die andere Richtung über den Atlantik. So beobachten wir, dass seit einiger Zeit migrationswillige Menschen in El Salvador und anderen zentralamerikanischen Staaten eine neue Rechnung aufmachen. Der Weg nach Norden über Mexiko in die USA ist versperrt, und Schmuggler nehmen inzwischen 10 000 US-Dollar für ihre Dienste. Also kauft man lieber die viel günstigeren Flugtickets in das ehemalige Mutterland Spanien, wo man relativ leicht einreisen kann, dieselbe Sprache spricht und vielleicht auch sonst noch ein paar Kontakte hat. In Spanien angekommen, stellt man einen Asylantrag oder zieht weiter nach Italien oder auch Belgien, wo die in Zentralamerika herrschenden Bandenkriege als Asylgrund anerkannt werden. Einige Tausend Latinos sind auf diese Weise seit 2018 nach Europa gekommen. Ganz legal und ohne sich den Gefahren einer Schmugglerroute auszusetzen.[33]

Alle diese Beispiele zeigen einmal mehr, dass in der Welt von heute, um noch einmal aus Frank Wolffs *Mauergesellschaft* zu zitieren, ein »auch durch Gewalt nicht zu bändigender kollektiver Mobilitätsbedarf«[34] besteht. Wer etwas gegen Menschenschmuggel unternehmen will, sollte es nicht mit noch mehr Gewalt versuchen, sondern den Mobilitätsbedarf durch legale Migrationsmöglichkeiten decken. Manchmal ist es die Erfahrung selbst, die uns einen kleinen Wink gibt, wie es gehen könnte. Bald nach dem Fall der Mauer stiegen auch in Albanien Zehntausende von Frauen und Männern in Boote und Schiffe jeder Größe und Bauart, um über die Adria nach Italien zu fliehen, wo sie vor allem in Brindisi und Bari landeten. Der »albanische Exodus«[35] von 1991 war für Italien in psychologischer Hinsicht durchaus vergleichbar mit späteren Flüchtlingskrisen. Es gab eine harte innenpolitische Polarisierung, Flüchtlinge, die in Fußballstadien eingesperrt wurden, aber auch eine vitale

Willkommenskultur in Apulien. All das ist inzwischen Schnee von gestern. Seit Ende 2015 können Albanerinnen dank der sogenannten Westbalkanregelung regulär in die EU einreisen, um zu arbeiten. Aus irregulären Bootsflüchtlingen wurden auf diese Weise, beinahe über Nacht, ganz reguläre Migranten.

Kapitel 5

# DER RAUSWURF DER UNERWÜNSCHTEN

## Die Kunst, Menschen am Leben und doch verschwinden zu lassen

Es kam ihm nicht mehr so abwegig vor, sich das Lager als einen Ort vorzustellen, wo Menschen abgesondert wurden, um in Vergessenheit zu geraten.[1]

*J. M. Coetzee, Leben und Zeit des Michael K.*

Flüchtlinge sind nicht nur Opfer von Krieg, Verfolgung und anderen Katastrophen, sondern auch aktive, geradezu unternehmerische Subjekte, die in einen Ortswechsel investieren, um ihr Leben zu retten oder zu verbessern. Mit Hobbes könnte man sagen, dass sie ganz »willentliche Bewegung« sind. Das Gegenbild zum autonomen migrantischen Körper der »willentlichen Bewegung« ist der Körper, der sich nicht selbst bewegt, sondern von außen bewegt wird, indem er gegen seinen Willen an einen anderen Ort vertrieben oder transportiert wird. Der *willentlichen* Bewegung steht die *fremdbestimmte* gegenüber, die nicht durch eigene »Vorstellungskraft« ausgelöst wird, sondern durch die Kräfte und Vorstellungen derer, die einen anderen Körper nicht dort haben wollen, wo er gerade ist.[2]

Damit ist ein Feld abgesteckt, zu dem sehr unterschiedliche Phänomene der gewaltsamen Migration gehören: die Vertreibung oder Umsiedlung von ganzen Bevölkerungsgruppen, der Menschenhandel zum Zwecke der Prostitution und der Sklavenarbeit sowie die staatliche Abschiebung von unerwünschten, für illegal erklärten Migrantinnen. All diese organisierten Handlungen, bei denen hilflose Menschen über Grenzen hinwegbewegt werden, erfordern die Anwendung von Gewalt. Das unterscheidet sie von der Flucht, die eine aktive Reaktion *auf* Gewalt ist.[3]

Den unterschiedlichen Formen der fremdbestimmten Bewegung von menschlichen Körpern ist gemeinsam, dass sie nicht wie andere polizeiliche Maßnahmen darauf abzielen, das Verhalten von Menschen zu verändern. Vertreibung und Menschenhandel erfolgen ganz unabhängig davon, was die betroffenen Subjekte getan oder nicht getan haben. Weil das so ist, sind sich Beobachter schnell darin einig, dass diese Praktiken verwerflich und kriminell sind. Bei der Abschiebung von Ausländern ohne gültige Papiere ist das anders. Viele sind der Ansicht, dass Abschiebung gerechtfertigt sein kann, und zwar auch dann, wenn sich die betroffenen Personen gar nichts zuschulden haben kommen lassen. Andere sehen das kritischer und sind empört, wenn sie in der Zeitung lesen, dass vollkommen unbescholtene junge Menschen aus Schulen oder Betrieben heraus festgenommen und gewaltsam außer Landes gebracht worden sind.

Geflüchtete und Migrantinnen verkörpern viele Eigenschaften, die in ihren Ankunftsländern angeblich hochgeschätzt werden: Mobilität, Risikobereitschaft, Findigkeit und Mut. Angekommen in einem halbwegs sicheren Land merken sie allerdings, dass sie trotz – oder vielleicht auch wegen – dieser Eigenschaften oft unbeliebt sind. Sie gelten als Fremde und manchen sogar als Feinde. »Ausländer raus!«, heißt es dann. Wenn dieser Satz fällt, ist das immer wörtlich gemeint. Die fremden Körper sollen entfernt werden, entweder durch direkte Gewalt oder durch Drohungen, die den Unerwünschten Beine machen. Entfernen heißt laut Duden: aus der Welt schaffen und verschwinden lassen. Der Körper des Flüchtlings wird in erster

Linie als ein Gegenstand gesehen, den man von außen ergreifen, beschädigen und bewegen kann. So wie für den Flüchtling die Staatsgrenze nur ein Hindernis ist, das im Weg steht, so erscheint dem Ausländerfeind der Körper des Flüchtlings als bloßes Ärgernis und Hindernis. Der Körper existiert für ihn nur »als verschiebbare Masse«, wie der Literaturwissenschaftler Jan Philipp Reemtsma schreibt. »Er ist im Weg und muss irgendwohin gebracht werden, an einen speziellen Ort, wo er gebraucht wird.«[4] Dazu ist Gewalt notwendig, die entweder in legalisierter Form vom Staat angewendet wird oder von Privatpersonen. In diesem Kapitel wird die staatliche Gewalt im Vordergrund stehen, im nächsten die von Privatpersonen und rechtsradikalen politischen Parteien und Bewegungen ausgeübte oder ersehnte Gewalt.

## STAAT UND SCHIEBUNG

Am Anfang steht die Vorstellung, dass jeder Mensch irgendwohin gehört, auch wenn es ihm freisteht, sich aus seiner Heimat weg zu bewegen. Irgendwo auf der Erdoberfläche soll jede ihren angestammten Platz haben. Dieser ist in der Vorstellung von Regierungen immer zuerst eines der Länder, aus denen sich die Weltkarte wie ein Puzzle zusammensetzt. Erst vor dem Hintergrund einer solchen Leitidee können Menschen, unabhängig davon, was sie tun und denken, in einem radikalen Sinn *fehl am Platz* sein. Einheimische Landstreicher, ausländische Migrantinnen und ferne Nomadenvölker werden dann zu einem Problem.

»Heimat« und »Abschiebung« sind auf diese Weise eng miteinander verknüpft. Die Heimat der einen ist der Ort, an dem die anderen – die Fremden – *als* Fremde auffallen. Zugleich ist Heimat der Ort, wohin die Fremden zurückgebracht werden sollen. In Europa waren es zuerst vor allem Bettler und Vagabunden, die als unerwünschte Fremde abgeschoben wurden, und gleichzeitig erfand man neue Begriffe für sie. So nannte man die abzuschiebende Person in der österreichischen Polizeisprache des 19. Jahrhunderts einen »Schübling«. Nach und nach entstanden eigene »Schubbehörden«. Zugleich wurde der Kreis der Schüblinge erweitert und der Zweck der Abschiebung öffentlich bekundet. In einem Dokument aus dem Jahr 1845 ist die Rede von der »Reinigung des Landes von Bettlern, erwerbsunfähigen, paßlosen, liederlichen und verdächtigen Leuten«.[5] Verdächtig war nicht die Mobilität als solche, sondern nur die Wohnsitz- und Heimatlosigkeit. Oder, wie es in einem Vernehmungsprotokoll vom Februar 1827 aus der Gemeinde Perchtoldsdorf südlich von Wien heißt, das »[h]errenlose Herumziehen«.[6] Aufgegriffen und abgeschoben wurden bettelnde Handwerker, Zechpreller, verhaltensauffällige Wallfahrerinnen, Personen, die spät abends im Stall eines Bauernhofs unterkrochen, oder planlos wirkende junge Frauen. Die Abschiebung war eine Strafe. Und die Rückkehr an den Ort, aus dem man »geschoben« wurde, konnte mit zusätzlichen Strafen belegt werden.

Wir lernen daraus, dass die Abschiebung als staatliche Praxis zunächst nicht den Angehörigen anderer Nationalitäten, sondern vor allem Einheimischen galt. Folglich wurden unerwünschte Fremde nicht aus dem Land geworfen, sondern lediglich aus dem Ort entfernt, wo sie aufgefallen waren, und an ihren Heimatort zurückgeschickt, sofern sich dieser ermitteln ließ. Mit der Konsolidierung der Nationalstaaten gerieten dann zunehmend unerwünschte Ausländer ins Visier der Behörden. An die Stelle des fremden Bettlers, dessen Präsenz als lästig empfunden wurde, traten Personen, die als politisch suspekt galten und die Homogenität der Nation, die ohnehin nur in den Köpfen der Mächtigen existierte, zu bedrohen schienen. Zugleich wurden nicht mehr nur Einzelne abgeschoben, sondern ganze Gruppen. So wurden in den siebziger Jahren des 19. Jahrhunderts immer wieder Jesuiten ohne deutschen Pass aus Deutschland ausgewiesen, weil sie unter Bismarck neben den Sozialisten generell als »vaterlandslose Gesellen« galten. Zahlenmäßig viel größer war die Gruppe der Polen mit österreichischen oder russischen Pässen, die sich vor allem in den östlichen Provinzen Preußens niedergelassen hatten. Oft wurden sie als Vorboten einer schleichenden »Polonisierung« betrachtet und des Landes verwiesen. Massenausweisungen dienten der Selbstvergewisserung der Deutschen in ihrem neu gegründeten Reich. Allein um das Jahr 1885 wurden ungefähr 40 000 »Ausländer polnischer Zunge«, wie man sie damals nannte, in ihre Herkunftsländer, vor allem nach Russland, zurückgeschickt.[7] Das geschah gegen ihren Willen und unabhängig von den politischen Aktivitäten oder Straftaten der Betroffenen.

Jesuiten, Sozialisten und Polinnen waren nicht die Einzigen, die aus dem Land geworfen wurden. So häuften sich gegen Ende des 19. Jahrhunderts in der preußischen Provinz Schleswig Abschiebungen von Dänen, die im Verdacht standen, national unzuverlässig zu sein. Manchmal genügte es, auf einer Hochzeit patriotische Lieder zu singen – zum Beispiel die martialische Nationalhymne »König Christian stand am hohen Mast« –, um wegen prodänischer Agitation angeklagt und abgeschoben zu werden. Nicht besser erging es Französinnen im damals deutschen Elsaß-Lothringen. Oder Menschen, die pauschal als »Zigeuner« bezeichnet wurden, weil sie etwas dunkelhäutiger als andere waren, mit dressierten Tieren durchs Land zogen und merkwürdige Feuerrituale praktizierten. Im Königreich Bayern liefen seit 1905 Polizisten mit dem rassistischen »Zigeuner-Buch« des Polizeipräsidenten Alfred Dillmann herum, das ihnen helfen sollte, Sinti und Roma korrekt zu identifizieren und ihre Daten für künftige Zwecke zu speichern. Später waren es die Nazis, die diese Daten zu nutzen wussten.

All diese Gruppen – Jesuiten, »Zigeuner«, Polen, Däninnen, Franzosen und ausländische Linke – wurden in großer Zahl zur Rückwanderung gezwungen, nach Frankreich oder in die Schweiz, nach Dänemark oder Bulgarien, nach Russland oder in das damals österreichische Kronland Galizien. Manchmal wurde das Hab und Gut der Betroffenen einschließlich der Tiere der Zirkusleute beschlagnahmt und verkauft, um die Kosten der Abschiebung zu decken. Die Erfindung der Nation in Verbindung mit den Instrumenten des modernen Staates löste immer wieder neue Wellen der Gewalt gegen eine Vielzahl von vermeintlich andersartigen Gruppen aus. In zeitgenössischen Dokumenten wurde die Anwesenheit dieser Gruppen als »lästig« charakterisiert. Daran kann man sehen, dass es zu kurz greift, den Nationalstaat nur als Erziehungs- oder Disziplinierungsagentur zu beschreiben. Von Anfang an zielte er auch darauf ab, all diejenigen, die wegen ihrer Herkunft oder angeborener Merkmale als nicht integrierbar galten, durch Abschiebung vom nationalen Wahrnehmungshorizont verschwinden zu lassen.

Der souveräne Nationalstaat beruht auf Schiebung. »Schiebung« bezeichnet in der älteren Gaunersprache ein unredliches Geschäft, aber auch eine »unberechtigte Bevorzugung«.[8] Der Nationalstaat privilegiert nämlich über jedes vernünftige Maß hinaus die angeblich »echten« Einheimischen. Für dieses Privileg müssen sie nichts leisten, außer am richtigen Ort und von der richtigen Mutter geboren zu werden. Die feudale Idee angeborener Privilegien wird nicht verworfen, sondern lediglich auf ein partikulares Volk ausgedehnt. An die Stelle des blauen Bluts der Adligen tritt die weiße Haut des Bürgers. Im selben Zuge werden die Angehörigen anderer Nationen abgewertet, angefangen mit denen, die als Migranten im eigenen Land leben. So entsteht die große Lebenslüge der modernen kapitalistischen Nationen, die sich gerne als Leistungsgesellschaften betrachten und doch zugleich das Phantasma der Abstammung als einer Quelle lebenslanger, leistungsloser Privilegien pflegen. Dazu gehört das symbolische Privileg, sich anderen Nationen überlegen fühlen oder ihnen die eigenen Zivilisationsstandards aufzwingen zu dürfen, wie es im Kolonialismus und danach geschehen ist.

## WER SOLL WEG – UND WOHIN?

Die europäische Geschichte der Abschiebung von Menschen zeigt, dass die nationalistische Abschottung nach außen immer auch dramatische Folgen für die innere Organisation der Gesellschaft hat. Wenn von draußen möglichst keine Fremden mehr ins Land gelassen werden, dann werden irgendwann auch diejenigen, die bereits drinnen sind, wieder hinausgeworfen. Zumindest schwebt über ihnen das Damoklesschwert des drohenden Rauswurfs. Aber es gibt noch eine tiefere Schicht des Konflikts. Der Nationalismus führt nämlich dazu, dass auch eine unbestimmt große Zahl der *eigenen* Bürger in Verdacht gerät, in Wahrheit Ausländer zu sein. Die Grenze zwischen Landsleuten und Ausländerinnen wird ständig neu gezogen. Die Massenausweisungen von Polen in den Ostprovinzen des Deutschen Reichs gingen nahtlos über in Maßnahmen gegen Deutsche mit polnischer Familiengeschichte, die als nicht *ausreichend* deutsch betrachtet wurden. Der Assimilationsdruck wurde massiv erhöht. Es gab Ansiedlungs- und Berufsverbote, eine verschärfte Zensur von polnischen Druckschriften, Liedersammlungen, Theaterstücken, Gedichten, Fahnen und anderen nationalen Zeichen. Im Ruhrgebiet durfte die polnische Sokol-Mütze, benannt nach der nationalpolnischen Turnorganisation *Sokól*, nicht mehr öffentlich getragen werden. Einzelne Konservative schlugen sogar vor, bereits eingebürgerten ehemaligen Polinnen die Staatsangehörigkeit wieder zu nehmen, um auch sie abschieben zu können.[9]

Dass die Streuwirkung der Abschiebungsgewalt gegen unerwünschte Ausländer auch Deutsche erfassen würde, wurde erst recht offenkundig nach der Verabschiedung von Bismarcks »Gesetz gegen die gemeingefährlichen Bestrebungen der Sozialdemokratie« im Jahr 1878. Das Gesetz erlaubte die Abschiebung ausländischer Sozialisten, während Deutsche lediglich mit Redeverboten belegt und aus einzelnen Städten und Regionen verbannt werden konnten. Auch hier folgten auf die Abschiebung ausländischer Sozialistinnen einige – letztlich erfolglose – Versuche der Reichsregierung, deutsche Mitglieder der Sozialdemokratie auszubürgern, um sie ebenfalls abschieben zu können. Zahlreiche von dem Gesetz Betroffene entschieden sich, freiwillig ins Exil zu gehen.

Wenn man einmal mit dem Abschieben der demographisch und politisch Unerwünschten angefangen hat und eine entsprechende staatliche Logistik vorhanden ist, taucht irgendwann die Frage auf, warum man nicht auch Teile der eigenen Bevölkerung aus dem Land werfen sollte. Wer ist schon glücklich mit allen seinen Landsleuten und ihren Bestrebungen? Tatsächlich stellten sich viele moderne Staaten die Frage, wie sie Gruppen von missliebigen Personen loswerden könnten, die als kriminell, nutzlos oder für den Staat gefährlich galten. Da es kein Ausland gab, in das man sie hätte transportieren können, kam man auf die Idee, die Kolonien zu nutzen, um dort Strafkolonien für unerwünschte Einheimische einzurichten. Strafkolonien waren im Grunde genommen nichts anderes als Menschendeponien, wo die Unerwünschten abgesondert wurden, um dem Vergessen anheim zu fallen.

Wer in einer Strafkolonie landete, war lebensweltlich gesehen weit weg von der Heimat und doch nicht im Ausland. Oft galt auch: Er war nicht sofort tot, aber auch nicht mehr richtig am Leben. Die Franzosen sprachen nicht umsonst von »Totenkolonien« (*colonies mortuaires*), in die sie Pariser Rebellen oder algerische Berber verschifften. Strafkolonien befanden sich dort, wo der sprichwörtliche Pfeffer wächst, etwa auf der berüchtigten Teufelsinsel vor der Küste von Französisch-Guayana in Südamerika. Seit der Mitte des 19. Jahrhunderts wurden ungefähr 56 000 Gefangene dort abgeladen, von denen nicht einmal zehn Prozent überlebten. Aber die massenhafte Deportation von Einheimischen war keine französische Spezialität. Die Briten nutzten die Andamanen-Inseln im Indischen Ozean, die amerikanischen Kolonien oder Australien als Freiluftgefängnisse und Arbeitslager für irische Oppositionelle oder gewöhnliche Kriminelle aller Art. Russland und später die Sowjetunion schufen gigantische Strafkolonien in Sibirien und auf der Insel Sachalin, die nördlich von Japan im Pazifik liegt.

Eine weitere Variante der gewaltsamen »Schiebung« von Menschen wurde von kolonialen Befehlshabern um die Wende zum 20. Jahrhundert entwickelt. Im Zuge von bewaffneten Kämpfen trieben sie die Räumung ganzer Landstriche und die Einrichtung von großen Lagern für rebellische Einheimische voran. In Kuba, auf den Philippinen und vor allem in Südafrika, wo britische Soldaten Zehntausende holländische Buren und Schwarze auf engem Raum einsperrten, entstanden die ersten *concentration camps* – Konzentrationslager. Diese Methode der Abschiebung und Isolation von Einheimischen wurde schon zur Zeit ihrer Erfindung als barbarisch kritisiert, auch wenn die Absicht des Völkermords den Verantwortlichen noch fremd war.

Völkermord wird in der Rückschau erst dem Königreich Belgien in Belgisch-Kongo und dem Deutschen Reich in Deutsch-Südwestafrika vorgeworfen. Auch das war etwas Neues: Europäische Neuankömmlinge trachteten danach, die Einheimischen eines *anderen* Landes für immer loszuwerden. Da es für diese Menschen keine Heimat gab, in die man sie hätte zurückschicken können, entschieden sich die deutschen Befehlshaber, ihre Opfer – die Herero und Nama – buchstäblich in die Wüste zu schicken, wo sie zu Zehntausenden starben. Während des Zweiten Weltkriegs wiederholte sich dieses Handlungsmuster in einem anderen Kontext und in einem unvergleichlich größeren Maßstab. Nach dem deutschen Überfall auf Polen und dem Scheitern des Vorhabens, Juden und nichtjüdische Polinnen zu vertreiben oder umzusiedeln, reagierte die NS-Führung im Sommer 1941 mit dem Plan zur Vernichtung der Juden Europas.[10]

So hat uns das Monstrum namens Nationalstaat drei Varianten der erzwungenen Migration beschert, wobei die dritte Variante direkt übergeht in den Völkermord. Neben der willkürlichen Abschiebung von missliebigen Ausländerinnen in ihre jeweilige Heimat und der Abschiebung von Einheimischen in Strafkolonien fernab jeder Heimat arbeitete Europa auch an der Deportation und endgültigen Entfernung der Einheimischen anderer Länder.

Für die eigenen Bürger lehnte Deutschland vor dem Sieg des Faschismus die Abschiebung in Strafkolonien stets ab, trotz der eifrigen Lobbyarbeit von Strafreformern, die zum Beispiel das Bismarck-Archipel im Pazifischen Ozean, die Sumpflandschaften in den polnischen Masuren oder auch Deutsch-Südwestafrika als Menschendeponien empfahlen. Die Gründe für diese Ablehnung möglicher Zielorte von Deportationen waren zumeist nicht humanitärer Natur. Besonders für die deutsche »Musterkolonie« im heutigen Namibia befürchtete man das Schlimmste für das weiße Prestige Europas, wenn die unterworfenen Schwarzen mit den unerwünschten Weißen aus Deutschland konfrontiert würden. Man malte sich Szenen aus, in denen Schwarze vielleicht sogar mit der Aufsicht über weiße

Kriminelle oder Anarchistinnen betraut würden. Die kolonialen Männerphantasien produzierten alle möglichen Verbindungen zwischen den verachteten Weißen und den nicht minder verachteten Schwarzen. Schon im normalen Alltag des Koloniallebens kam es zu sozialen und auch sexuellen Beziehungen zwischen Deutschen und Afrikanern aller Geschlechter. Daraus entstanden gelegentlich afrodeutsche Kinder, denen seit 1904 die deutsche Staatsangehörigkeit entzogen wurde und damit auch das Recht, legal nach Europa zu reisen. Ebenso wurden homosexuelle Verbindungen bestraft. Deutsche Homosexuelle wurden aus Südwestafrika in das Deutsche Reich abgeschoben und durften, wie in Gerichtsverfahren bestätigt wurde, nicht zurückkehren. Ihr Verhalten galt als unvereinbar mit den rassistischen Zivilisationsstandards der Kolonie. In mancher Hinsicht wurde hier bereits die nationalsozialistische Zukunft Deutschlands vorweggenommen.

Auch Weiße konnten also fehl am Platz sein und als minderwertig eingestuft werden. Das war bei den Briten nicht anders, die die Buren in Südafrika als unzivilisiert und rassisch degeneriert empfanden. »Weiß sein« war schon immer eine außerordentlich flexible Kategorie, die wenig zu tun hatte mit der Pigmentierung der Haut – sie ist es bis heute geblieben.[11] Später tauchte der Ausdruck »white niggers« auf, den britische Offiziere nach dem Ersten Weltkrieg für Ost- und Südeuropäer verwendeten. Das berichtet jedenfalls der deutsche Freikorpskämpfer Ernst von Salomon, der das unschöne Wort in Oberschlesien aufschnappte und gerne zur Bezeichnung von Polen, Italienern und anderen gebrauchte.[12]

So entstanden aus der kolonialen Situation zwei neue Kategorien von Personen, denen um jeden Preis die Bewegungsfreiheit genommen werden sollte: die unerwünschten Weißen, die in quasirassistischen Begriffen abgewertet wurden, und die Afrodeutschen und »Mischlinge«, die man festsetzte und ihrer

Rechte beraubte. Die Agenda deutscher Kolonialintellektueller wurde letztlich von einer Migrationshysterie getrieben, die den Ausschlag gab für die Ablehnung von Strafkolonien: Missratene Deutsche, die man ins südliche Afrika abschieben würde, könnten sich dort, so fürchtete man, mit den unterdrückten Schwarzen verbrüdern, um das Regime der selbst ernannten weißen Herrenmenschen zu untergraben.

## DIE »SCHIEBBARKEIT« DES MENSCHEN

Nach zwei Weltkriegen, nach dem Holocaust und dem Völkermord an den Ureinwohnern Südwestafrikas sowie den Massenvertreibungen in Europa nach dem Zweiten Weltkrieg wurden Vorkehrungen getroffen, um die willkürliche Ergreifung und den Abtransport von Menschen in ihre Heimat oder ins Nirgendwo zu verhindern. Der Entzug einer regulär erworbenen Staatsbürgerschaft wurde als Menschenrechtsverletzung eingestuft. In die Genfer Flüchtlingskonvention von 1951 wurde das Verbot aufgenommen, Flüchtlinge in ihre Herkunftsstaaten zurückzuschicken, wenn ihnen dort Gewalt droht. Deutschland schrieb das Recht auf Asyl sogar in die Verfassung. Die Abschiebung von Menschen ohne gültige Aufenthaltspapiere sollte von nun an nur noch in Übereinstimmung mit rechtlichen Normen und am Ende von Verfahren möglich sein, in denen die Betroffenen selbst zu Wort kommen.

Zum Leidwesen vieler Populisten und Wutbürger ist es nicht mehr ganz so einfach wie früher, unerwünschte Ausländer gegen ihren Willen aus dem eigenen Land zu schaffen. Es gibt relativ hohe rechtliche Hürden, Interessenskonflikte zwischen Arbeitgebern und Behörden sowie den politischen Widerstand von Gruppen, die sich für globale Bewegungsfreiheit einsetzen. Außerdem sind Abschiebungen nach wie vor sehr oft vollkommen willkürlich. Ähnlich gelagerte Fälle werden je nach Land unterschiedlich bewertet. Erhebliche nationale Differenzen gibt es schon bei den Anerkennungsquoten innerhalb der Europäischen Union. So erhielten 2019 in Spanien 66 Prozent der Antragsteller einen Schutzstatus, während es in Ungarn nur 8,5 Prozent waren, und dies, obwohl beide Länder Mitglieder der EU sind und sich beide auf die Genfer Flüchtlingskonvention und ihr Protokoll beziehen. Oder: In Spanien wurden nur 4,6 Prozent der Antragsteller aus Afghanistan, Eritrea, Iran, Irak, Somalia und Syrien, die um internationalen Schutz baten, abgeschoben. In den Niederlanden waren es fast 44 Prozent.[13]

Migrantinnen, die in Europa auf dem Weg eines Asylantrags ihr Glück suchen, überlegen sich daher gut, wo sie ihren Antrag stellen: Wer sich Chancen ausrechnet, als Flüchtling anerkannt zu werden, geht vielleicht nach Deutschland oder Schweden. Wer daran nicht glaubt, stellt einen Asylantrag in Ländern wie Belgien oder Österreich, die zwar weniger Asylbewerber anerkennen, aber nur selten abgelehnte Bewerber gegen ihren Willen abschieben. Allenfalls versuchen sie, ähnlich wie Deutschland, gescheiterte Antragstellerinnen zu einer freiwilligen Rückkehr zu überreden, indem sie finanzielle Unterstützung und sonstige Hilfestellungen anbieten.

Viele Länder versuchen die Alternative zu umgehen, abgelehnte Asylbewerber entweder ausnahmslos abzuschieben oder in die Illegalität zu drängen. So gab es in Deutschland 2020 nahezu 200 000 Personen mit dem Status einer »Duldung«. Grund für die Gewährung einer Duldung, das heißt einer Aussetzung der Abschiebung durch die lokale Ausländerbehörde, kann zum Beispiel eine Ausbildung und Beschäftigung sein. Andere Gründe sind manchmal der Gesundheitszustand des Abschiebekandidaten, das drohende Auseinanderreißen einer Familie oder die Sicherheitslage im Herkunftsland. Insgesamt bilden die Geduldeten eine besondere Gruppe von Menschen:

Sie sind offiziell ausreisepflichtig und doch nicht »illegal« im Land.

Wenn der Ernstfall eintritt und es tatsächlich zum Vollzug einer Abschiebung kommt, wird schnell deutlich, warum Demokratien, die etwas auf die Menschenrechte geben, zögern, zu diesem letzten Mittel zu greifen. Es ist nämlich nicht gelungen, die Praxis der Abschiebung von den Schatten der älteren Formen von Vertreibung und Deportation zu befreien, die auf ihr liegen. Der Abschiebung wohnt immer ein Element der Gewalt inne. Aus den USA erreichen uns Berichte über Flüchtlinge aus Kamerun, die in Gefängnissen misshandelt wurden, damit sie ihrer eigenen Abschiebung zustimmen.[14] Abschiebung ist definiert dadurch, dass sie gegen den Willen der Abgeschobenen durchgesetzt werden muss. Die willentliche Bewegung des Migranten wird mit Gewalt gestoppt und der Körper der abzuschiebenden Person weitgehend auf seine »vitale« Bewegung reduziert – »Blutkreislauf, Pulsschlag, Atmung, Verdauung, Ernährung, Ausscheidung usw.«[15] Daher sind bei Abschiebeflügen nicht nur Polizisten, sondern auch Sanitäter oder anderes medizinisches Personal mit dabei. Oft werden die Häftlinge vor dem Transport an Händen und Füßen gefesselt. In den USA ist es üblich, sie in Ketten zu legen, sodass man unweigerlich an Sklaven denken muss. Die Schnürsenkel werden aus den Schuhen gezogen, weil sie Mittel zu Selbsttötungen sein könnten. Immer wieder gibt es Berichte über die zwangsweise Verabreichung von hochwirksamen Beruhigungsmitteln wie Valium oder Haldol, die bei akuten Erregungs- und Angstzuständen eingesetzt werden. Die menschliche Fracht der Abgeschobenen soll den Zielort wehrlos, aber lebendig erreichen.

Der kanadische Politikwissenschaftler William Walters hat die moderne Abschiebepraxis mit einem »umgekehrten Menschenhandel«[16] verglichen: eine Form des Menschenhandels, die von Staaten in Zusammenarbeit mit Polizisten und anderen

Beamtinnen im In- und Ausland, Ärzten, den Managern von Fluggesellschaften, Piloten und Flugbegleiterinnen sowie von den Medien orchestriert wird, die für den richtigen Sound sorgen und die Bevölkerung auf die angeblich nötige Härte einstimmen. In dieser Abschiebungsindustrie wird Geld verdient: Private Fluggesellschaften und manchmal auch die Staaten, die die Abgeschobenen aufnehmen, profitieren von den Abschiebungen. Die Opfer dieser Praxis sind dagegen hilflos oder werden hilflos gemacht. Oft sehen sie ihren Lebenstraum in Trümmern, haben Schulden bei Geldwechslern und Schmugglern, fühlen sich zurückgesetzt auf null. Viele werden es ein zweites Mal versuchen.

Die Abschiebungsindustrie kann als Teil einer globalen Bevölkerungspolizei gesehen werden. Deren Aufgabe lautet, die bestehende Einteilung der Menschheit in unterschiedliche nationale Kollektive mit gestaffelten Mobilitätsrechten aufrechtzuerhalten. Die Herstellung der »Schiebbarkeit« des Menschen ist das Gegenstück zum Programm einer gewaltsamen Sesshaftmachung. Dieses Programm stößt allerdings bei seiner Umsetzung auf erheblichen Widerstand.

Trotz ihrer Legitimation durch rechtliche Verfahren und der zumeist üblichen Verwendung von Flugzeugen läuft selbst der letzte Akt eines Abschiebungsverfahrens, die faktische Ergreifung und Verfrachtung eines Abschiebekandidaten, selten völlig reibungslos ab. Man könnte meinen, dass Flugzeuge zunächst sehr praktisch sind. Für Abschiebungen eignen sie sich viel besser als Busse oder Züge, die in Europa ohnehin oft nicht infrage kommen, weil die Herkunftsorte der meisten Abzuschiebenden viel zu weit weg sind. Außerdem kann man aus Bussen und Zügen rausspringen. Diese Erfahrung machte die Republik Südafrika in den neunziger Jahren, als zahlreiche Abschiebungen in das vom Bürgerkrieg verwüstete Mosambik daran scheiterten, dass Migranten reihenweise auf freier Strecke aus den langsam fahrenden Zügen sprangen, oft, nachdem sie das Aufsichtspersonal bestochen hatten. Hundert südafrikanische Rand, das sind heute weniger als fünf Euro, genügten, um einen Sicherheitsmann zu bewegen, im richtigen Moment wegzuschauen. Bis zu ihren Endstationen verloren manche Züge auf diese Weise die Hälfte der Passagiere, die sich dann zurückschlichen in die unübersichtlichen Großstädte Südafrikas.

Aus Flugzeugen kann man nicht rausspringen, dafür gibt es andere Probleme. So werden bei Abschiebungen in Linienflügen normale Flugreisende in der Economy Class häufig Zeugen von Gewalt zwischen den Häftlingen und ihren Aufpassern. Ein Ausschuss des britischen Unterhauses stellte bereits vor längerer Zeit fest, dass diese Raufereien dazu führen können, dass Passagiere ein negatives Bild von der Fluggesellschaft bekommen und die Fluggesellschaften sich Sorgen um die Auswirkungen solcher Vorkommnisse auf ihre wirtschaftlichen Interessen machen müssen. Sorgen dieser Art gibt es auch in Ländern wie Deutschland oder Österreich. Die Lufthansa wirbt weltweit für sich mit Slogans wie »Say Yes to the World« und appelliert gerne an das Gefühl ihrer Passagiere, etwas Besonderes zu sein: »Ist der Reisepass dein kostbarstes Wertpapier?« Ein Marketingchef verkündet, die Fluggesellschaft eröffne ihren Reisenden eine ganz neue Welt: »Mit Stil, Qualität und Empathie für jeden Einzelnen. Zuverlässig und vertrauenswürdig.«[17] Solche Sprüche klingen natürlich wie blanker Hohn, wenn man mitbekommt, wie gefesselte oder mit Betäubungsmitteln vollgepumpte Mitreisende, denen bewaffnete Männer ab und zu Schimpfwörter ins Ohr zischen, in Plastikflaschen urinieren.

Nicht verwunderlich sind die Gegenreaktionen. Im Jahr 2017 konnten allein in Deutschland 222 abgelehnte Asylbewerber wegen der Weigerung des Kapitäns oder der Fluggesellschaft, Lufthansa oder Eurowings, nicht abgeschoben werden. Hunderte weitere Abschiebungen scheiterten aufgrund von Widerstandshandlungen. Gelegentlich unterscheiden sich die Lagebeurteilungen von Polizei und Kapitän, aber der Kapitän hat immer das letzte Wort und kann einen Passagier auch gegen den Wunsch der Polizei von der Beförderung ausschließen. Austrian Airlines geht noch einen Schritt weiter und lehnt grundsätzlich Abschiebungen gegen den Widerstand der Betroffenen ab. Einen Einfluss auf das Verhalten des Flugpersonals und der Fluggesellschaften haben oft auch Demonstrationen von Abschiebungsgegnern auf Flughäfen, wie wir sie immer wieder an den Gates in Frankfurt, London oder Paris erleben. Solche Last-Minute-Proteste haben seit den neunziger Jahren zugenommen. Entsprechend gestiegen ist auch das Interesse der Medien. Eine Folge dieser Aufmerksamkeit wiederum ist, dass Abschiebekandidatinnen einen Namen und ein Gesicht bekommen.

Abschiebung ist kein Ereignis, sondern ein Prozess, der an verschiedenen Punkten gestoppt, unterbrochen oder umgekehrt werden kann. Das gilt besonders unter den Bedingungen von Demokratie und Rechtsstaat, wo Versuche der Kriminalisierung von Abschiebungsgegnerinnen auf Widerstand treffen.[18] Einen vollkommenen Schutz vor Abschiebung bietet letztlich nur die Staatsbürgerschaft, und auch das war, wie wir gesehen haben, nicht immer so. Aber auch unterhalb dieser Schwelle der Staatsbürgerschaft gibt es Rechte, die es für den Staat schwerer machen, einen migrantischen Körper aus dem Land zu schieben. Zu den Rechten, die Abschiebungen erschweren, gehören natürlich auch das Recht von Ärzten, die Transportunfähigkeit von Kranken zu attestieren, das Recht, Petitionsausschüsse oder Gerichte anzurufen, Anwältinnen einzuschalten und auf den Straßen und Plätzen des Landes zu demonstrieren. Bis zu einem gewissen Grad haben die erweiterten Aufenthaltsrechte für Migranten den Geburtsfehler des Nationalstaats korrigiert, der in der unberechtigten Bevorzugung der eigenen

Bürger bei gleichzeitiger Abwertung aller anderen besteht. Die Kluft zwischen den Rechten der Vollbürger und der im Land ansässigen Ausländerinnen ist durch deren erweiterte Aufenthaltsrechte kleiner geworden. Das hat etwas zu tun mit den Menschenrechten und der Verzahnung von nationaler und internationaler Rechtsprechung. Viele Rechte wandern gleichsam zusammen mit den Menschen von Land zu Land. In Deutschland waren es vor allem die großen Wohlfahrtsverbände – die Arbeiterwohlfahrt, der Caritasverband, das Diakonische Werk und andere –, die in der Gastarbeiterära erfolgreich für den verbesserten Schutz von Ausländerinnen und ihren Familien vor Abschiebungen gekämpft haben.[19]

Schließlich gibt es noch das Recht, eine Ehe zu schließen, um einem Migranten einen permanenten Aufenthaltstitel zu verschaffen. Diese Strategie findet zunehmend Beachtung und ist inzwischen einer der Hauptwege für migrationswillige Personen außerhalb Europas, um nach Europa zu kommen. Entsprechend groß ist das Interesse des Staates, der sich nicht mehr nur mit der Beobachtung und Kontrolle einzelner migrantischer Körper begnügt, sondern seine Aufmerksamkeit auch auf Paarbildungen richtet, die es zu prüfen, zu bewerten und möglichst zu verhindern gilt. Voreheliche Beziehungen mit einem Menschen ohne legalen Aufenthaltsstatus, zum Beispiel das bloße Zusammenleben in einer gemeinsamen Wohnung, können sogar strafbar sein. In der Schweiz landet vor Gericht, wer den rechtswidrigen Aufenthalt einer Person erleichtert oder vorbereitet, auch wenn das Motiv Liebe ist.[20]

Falls sich der begehrte Partner noch außerhalb Europas befindet und durch Heirat und anschließende Familienzusammenführung einwandern möchte, schalten sich die Konsulate ein. Oft müssen europäisch-nichteuropäische Paare nicht nur die Echtheit ihrer Verbindung zueinander belegen, sondern auch ihre gemeinsame Verbindung zu dem jeweiligen europäischen Land. Wenn eine Deutsche oder Österreicherin einen deutlich jüngeren Tunesier oder Marokkaner, den sie vielleicht am Strand kennengelernt hat, heiraten will, muss sie sich auf langwierige Gespräche mit Konsularbeamten gefasst machen. Man wird ihr die Heiratspläne auszureden versuchen. Das wissen wir aus ethnographischen Feldforschungen. In den Gesprächen zeigen sich die Wertvorstellungen und Geschlechterbilder der meist männlichen Beamten und besonders ihre Vorstellungen darüber, welche Menschen zueinander passen und welche nicht.[21]

Weiße Männer schlüpfen in die Rolle des Retters weißer Frauen vor schwarzen Männern. Wir sehen die Konturen einer willkürlichen Behördenpraxis, die sich auch in die Grenzverläufe zwischen erwachsenen Menschen einmischt. Untersuchungen haben zudem den Sexismus dieser Praxis gezeigt. Arabischen Männern, die eine ältere Europäerin heiraten wollen, wird der Antrag auf Familienzusammenführung oft verweigert, während Thailänderinnen keine vergleichbaren Probleme haben, sich ihren ebenfalls deutlich älteren weißen Männern anzuschließen und auf diese Weise nach Europa zu kommen.[22]

## DER STAAT ALS AFFEKTKONTROLLEUR

Konservative und rechtsradikale Politiker haben in der Wahrnehmung von Freiheitsrechten das Wirken einer »Anti-Abschiebe-Industrie« gesehen – ein Ausdruck, der in Deutschland zum Unwort des Jahres 2018 gekürt wurde. Das Wort lässt etwas von der verzweifelten Wut erkennen, die migrationsfeindliche Politiker angesichts des Widerstands gegen Abschiebungen erfüllt. Eine wichtige Frage ist, woher dieser Widerstand kommt und wie der Staat darauf reagiert, um die Schiebbarkeit von Menschen zu erhöhen.

Das Beispiel der Migration durch Eheschließung hat bereits gezeigt, dass der Staat sich zunehmend um das Management von Affekten kümmert. Abschiebungen scheitern immer wieder daran, dass sich Einheimische mit den Abzuschiebenden verbünden. Das gilt besonders in demokratischen Rechtsstaaten. Aber auch in autoritären Staaten haben Abschiebungen in der Vergangenheit zu Konflikten geführt. Moralische Empörung regt sich auch da, wo Menschen das Recht abgesprochen wird, ihre Empörung öffentlich zu zeigen und auf die Straße zu gehen.

Das war schon früher so. Am 22. August 1872 gab es in Essen im Ruhrgebiet eine Demonstration für zwei Ausländer, die abgeschoben werden sollten. Die Menschen trugen Fahnen und Fackeln bei sich, alles blieb friedlich. Am nächsten Tag aber kam es zu Ausschreitungen. Pflastersteine flogen, und die preußische Polizei feuerte in die Luft, um die aufgebrachte Menge auf der Frohnhauser Straße und später am Limbecker Platz auseinanderzutreiben. Bald darauf eskalierte die Lage, und die Armee schritt ein. Was war da los?

Der Aufruhr richtete sich gegen die lokale Umsetzung des »Jesuitengesetzes«, das die Aktivitäten des Ordens im Reich unterbinden sollte. Konkret ging es um die Verfügung des Landrats Joseph von Hövel, zwei in Essen aktive schweizerische Jesuiten des Landes zu verweisen sowie auch die deutschen Jesuiten der Stadt aus allen katholischen Gebieten des Reiches zu verbannen. Die regierungstreue Presse unterstützte diese Maßnahme und verglich die Jesuiten mit irischen Revolutionären. Im proletarischen und katholischen Essen war das jedoch eher ein Kompliment. Die Jesuiten, deren Anwesenheit in Essen seit 1613 belegt ist, waren beliebt, egal ob sie Deutsche waren oder nicht. Sie genossen Respekt, lagen niemandem auf der Tasche und hatten zahlreiche soziale Beziehungen in der Stadt und darüber hinaus. Sie waren gut integriert, würde man heute sagen. Das machte eine Ausweisung oder Abschiebung schwierig und kostspielig. Die Kreisregierung hatte nicht nur zwei ausländische Geistliche, sondern das halbe Volk gegen sich.[23]

Auch heute passieren ähnliche Dinge, selbst wenn nicht mehr die Armee eingesetzt wird. Da ist zum Beispiel Naim Karimi, der wie Tausende andere 2015 aus Afghanistan über den Iran, die Türkei und den Balkan nach Deutschland kam. Naim begann in der oberbayerischen Kreisstadt Miesbach eine Friseurlehre. Nicht nur das. Er verliebte sich, lernte schwimmen und wusste bald, wie man ein Weißbier einschenkt. Doch dann fiel er im Sommer 2020 ganz knapp bei der Gesellenprüfung durch, weil er mit dem Fachvokabular in Chemie nicht zurechtkam. Ein Punkt mehr, und er hätte bestanden. Die Folgen dieser Schlappe waren dramatisch: Die Arbeitserlaubnis wurde ihm entzogen und damit auch die vorübergehende Duldung, die ihn vor einer Abschiebung nach Afghanistan bewahrte. Er musste seinen Ausweis abgeben und wurde Zeuge, wie ein anderer Asylbewerber in der Ausländerbehörde zu Boden gedrückt, festgenommen und abgeführt wurde. Das erste Mal seit Jahren bekam er es mit der Angst zu tun. Doch anders als vor 150 Jahren bei den beiden Jesuiten in Essen wendete sich das Blatt schnell zu seinen Gunsten. Die Inhaberin des Friseursalons setzte sich für Naim ein. Eine Unterschriftenliste wurde in dem Salon ausgelegt. Der *Miesbacher Merkur* berichtete, und immer mehr Leute kamen nicht nur zum Haareschneiden, sondern auch, um gegen die drohende Abschiebung des beliebten jungen Friseurs zu unterschreiben. Die über 2000 Unterschriften, die in kürzester Zeit in der konservativen Kleinstadt zusammenkamen, verfehlten ihre Wirkung nicht. Die Behörden leugneten irgendwann sogar, überhaupt eine Abschiebung vorbereitet zu haben, und gewährten Naim das Recht, seine Prüfung nachzuholen – diesmal mit einem Wörterbuch, das er mitbringen durfte.

Solche Anekdoten lassen ahnen, woraus sich die Proteste

gegen Abschiebungen speisen. Wenn die Geflüchteten, die abgeschoben werden sollen, gut integriert sind und in einem dichten Netz aus beruflichen, privaten, auch emotionalen Beziehungen leben, stoßen Versuche der Abschiebung auf breiten Widerstand. Die Integration von Migrantinnen in den alltäglichen sozialen Austausch macht es den Behörden schwerer, ihre Ziele durchzusetzen. Sie müssen daher nichts mehr fürchten als die von der Politik scheinheilig geforderte Integration. Deshalb muss der Staat die Entstehung guter sozialer Beziehungen zwischen der einheimischen Bevölkerung und Migranten ohne stabilen rechtlichen Status unterbinden. Sein Interesse darf nicht nur der Bewegung von Körpern gelten, sondern muss sich auch auf die Schwingungen der sozialen Gefühle erstrecken, die im Alltag entstehen, sobald sich Migrantinnen ein soziales Umfeld aus Kollegen, Mitschülern oder Nachbarinnen aufbauen können. Daher die Entscheidung der Staaten für Arbeitsverbote von Asylbewerbern, für ihre zentrale Unterbringung und für Auffanglager an den Grenzen oder besser noch weiter weg in anderen Ländern. Man verhindert, dass Migrantinnen eine Stimme haben. Und dann reduziert man durch die Erschwerung von sozialen Kontakten die Wahrscheinlichkeit, dass andere für sie ihre Stimme erheben.

All das bedeutet im Umkehrschluss natürlich nicht, dass soziale Kontakte immer zu Solidarität führen. Die in Gehwegen verlegten kleinen Gedenktafeln aus Messing, die wir Stolpersteine nennen, erinnern uns an das Schicksal von Menschen, die während der NS-Zeit deportiert und ermordet wurden, obwohl auch sie sicher Nachbarinnen und Kollegen hatten. Es gibt ein ideologisches Gift, das auch in persönliche Beziehungen eindringen und jegliche Empathie zerstören kann. Heute jedoch und bis auf weiteres gilt, dass sich besonders in Städten mit einem hohen Anteil von Migrantinnen oder deren Nachkommen im Normalfall ein dichtes Gewebe aus sozialen Beziehungen bildet, das Abschiebungen oder andere Formen radikaler Ausgrenzung erschwert. Hohe Migrantenanteile in sozial und ethnisch gemischten Wohngebieten wirken sich nachweislich positiv auf das entspannte Miteinander aus. Das gegenseitige Vertrauen wird gestärkt, besonders dann, wenn sich nicht zwei fest umrissene Gruppen gegenüberstehen, zum Beispiel »Deutsche« und »Türken«, sondern eine Vielzahl von Differenzen und Verbindungen die Verfestigung von Gruppengrenzen verhindert.[24] In dieser Normalisierung von Differenz liegt wohl auch das Geheimnis der Bewegung für Städte als sichere Häfen in Deutschland, in den USA und Kanada. Vielleicht entstehen hier demnächst Orte notwendiger Utopie, in denen die geographische Herkunft und die Aufenthaltstitel von Menschen endlich unwichtig werden.

Kapitel 6

# WAS DIE ANTI-EINWANDERUNGS-BEWEGUNGEN WIRKLICH WOLLEN

## Offene Grenzen für wenige

Einzig ein Gedanke beherrscht das Unterbewusstsein des Reichs: Wie ist es möglich, nicht zu enden, nicht unterzugehen, seine Ära zu verlängern. Bei Tag verfolgt es seine Feinde. Es ist schlau und rücksichtslos, es schickt seine Bluthunde in jeden Winkel. Nachts nährt es sich von Katastrophenbildern: Plünderung von Städten, Vergewaltigung der Bevölkerung, Pyramiden von Knochen, Verwüstung weit und breit. Eine krankhafte Vision, doch eine ansteckende …[1]

*J. M. Coetzee, Warten auf die Barbaren*

Personen, die wir nicht kennen und die nicht zu unserer eigenen Gruppe gehören, begegnen wir oft mit Misstrauen. Bis zu einem gewissen Grad ist das vernünftig und normal. Zwar sind die Menschen nicht von Natur aus böse. Das Problem ist jedoch, wie Thomas Hobbes schreibt, dass wir »die Guten von den Bösen nicht unterscheiden können«.[2] Es steht den Menschen nicht auf der Stirn geschrieben, ob sie gut oder böse sind. Weil das so ist, sind wir vorsichtig, gehen nachts nicht durch den Park und bringen unseren Kindern bei, keine Süßigkeiten von Fremden anzunehmen. Es ist klug, sich vor Fremden in Acht zu nehmen. Zumindest so lange, bis wir sie besser kennengelernt haben.

Wenn Menschen, die wir nicht kennen, vielleicht auch noch

anders aussehen und aus fernen Ländern kommen, sind wir oft nicht nur misstrauisch, sondern belegen sie mit Adjektiven aus unserem reichen Schatz an negativen Stereotypen. Wertunterschiede werden eingeführt, die zu unnötigen Konflikten führen. Die anderen, die anders als wir zu sein scheinen, gelten dann als bedrohlich, grausam, furchtsam, gesetzlos, unvernünftig, unkontrolliert, maßlos und treulos. Sie haben keine Religion oder die falsche, sehen komisch aus und riechen nicht gut. Alle diese Assoziationen wurden in Europa seit der Antike aufgerufen, um zuerst Perser, Goten oder Hunnen und dann andere Gruppen wie Muslime oder Juden zu beschreiben.[3] Wir hassen und fürchten die anderen, die man früher »Barbaren« nannte und gegen die wir das, was uns lieb und teuer ist, verteidigen wollen. Das kann Europa sein, der Westen, die Zivilisation oder das »gesittete Abendland«, das NS-Propagandaminister Joseph Goebbels kurz vor dem Ende des Zweiten Weltkriegs beschwor.

Aber eine solche Betrachtung der anderen ist nicht alternativlos. Wir können zu den anderen auch aufschauen oder sie herbeisehnen, all die angeblichen Barbaren, Perserinnen oder die Rote Armee. Es kommt immer wieder vor, dass Außenstehende, die nicht zu uns gehören und zu denen wir nicht gehören, idealisiert und beneidet werden. Schließlich gibt es noch eine dritte Möglichkeit. Anstatt sie zu fürchten oder zu beneiden, können wir die von unserer Gruppe Ausgeschlossenen auch aufrichtig bedauern, ihnen gegenüber Mitgefühl zeigen oder uns mit ihnen solidarisieren.

Alle diese menschlichen Reaktionen – Hass, Bewunderung, Mitgefühl – sind im Dauerstreit um Einwanderung und die Durchlässigkeit von Grenzen immer wieder ausgelebt worden. Hass und Mitgefühl waren mächtige kollektive Emotionen, die im langen Sommer der Migration 2015 und danach miteinander konkurrierten, als Abertausende von Flüchtlingen in Österreich, Deutschland oder Schweden ankamen. In den alten Einwanderungsgesellschaften wurden Migranten von den Einheimischen auch immer wieder bewundert und beneidet. So gelten in Amerika viele Schauspielerinnen, Firmengründer, Athleten oder Senatorinnen mit ausländischen Wurzeln als Superbürger.

Mehr Beachtung finden jedoch überall die negativen Affekte, die das Bild des »barbarischen« Migranten auslöst. Mit monotoner Regelmäßigkeit wurden Einwanderergruppen seit der Entstehung der europäischen Nationalstaaten und ihrer Kolonien als Wiedergänger spätantiker Barbaren stigmatisiert. Das galt nicht nur für Chinesen und Inderinnen, sondern auch für Italienerinnen, Slawen oder Griechen, die seit der Mitte des 19. Jahrhunderts zu Hunderttausenden in Richtung Nordamerika auswanderten. In den USA angekommen, haben manche von ihnen vielleicht eine Zeitung wie den *Philadelphia Inquirer* aufgeschlagen. Darin konnten sie Artikel lesen, in denen Fragen wie diese gestellt wurden: »Wenn es wünschenswert ist, die Chinesen zu deportieren, warum dann nicht auch den Abschaum Europas?«[4]

Auch deutschen Einwanderern blies gelegentlich der Wind ins Gesicht. So wurden sie nach dem Ersten Weltkrieg von einflussreichen amerikanischen Ideologen wie Madison Grant – zusammen mit der französischsprachigen Minderheit im heutigen Quebec – als Angehörige einer halbbarbarischen »alpinen Rasse« bezeichnet. Deutsche litten am »Handicap einer seltsamen Sprache« und hätten in den USA nichts zur Entwicklung ihrer neuen Heimat beigetragen.[5] Im Parlament der australischen Provinz Queensland wollten Abgeordnete neben Asiaten auch gleich die Deutschen von dem Land fernhalten, weil sie »in Sprache und Sitten« der eigenen Kultur nicht minder fremd wären wie Chinesen oder die Eingeborenen der Südseeinseln.[6] Ähnlich war es in Chile, wo man den Deutschen nicht nur ihr grausiges, rund um den Llanquihue-See gesprochenes »Lagunendeutsch« vorwarf. Es hieß auch, dass sie eine fremde Religion, den Protestantismus, ins Land einschleppten und nur untereinander heirateten, um ihre kleine neudeutsche Parallelgesellschaft aufrechterhalten zu können.[7]

Nichts Neues unter der Sonne also. Anti-Einwanderungsbewegungen, wo immer sie auftauchten, bedienten sich stets des Barbarenschemas, das auf die jeweils prominenten Migrantengruppen angewendet wurde. Zugleich haben sie immer versucht, die Aufmerksamkeit des Publikums auf die angebliche Bedrohung durch Einwanderung zu lenken. *Warten auf die Barbaren* – der Titel eines Romans des südafrikanischen Literaturnobelpreisträgers J. M. Coetzee fasst zusammen, was in den Köpfen der Einwanderungsgegner vor sich geht. Die Barbaren stehen vor unseren Toren, oder sie sind bereits mitten unter uns, ohne ihr wahres Gesicht zu zeigen. Die Sprecher der Bewegungen gegen Einwanderung hoffen, dass alles so bleibt, wie es ist – oder noch besser: dass alles wieder so wird, wie es in ihrer Vorstellung einmal war, damals, als Deutschland, Frankreich, Amerika oder Großbritannien noch *great* waren. Zugleich sehen sie, wenn auch unscharf, dass sich da draußen in der großen, weiten Welt Veränderungen ankündigen, die nichts Gutes für sie verheißen. Die Bewegungen sind wahnhaft in ihren Zuschreibungen, aber durchaus klarsichtig darin, dass Migration tatsächlich die Gesellschaft verändert und die bestehende Verteilung von Rechten und Privilegien unter Druck setzt. Der Fehler ist, dass sie glauben, die Welt ginge unter, nur weil *ihre* Welt untergeht.

## WIE RECHTE REDEN

Am 15. März 2018 wurde im Internet eine »Gemeinsame Erklärung« veröffentlicht, versehen mit den Unterschriften von 34 Erstunterzeichnern. Es handelt sich um eine Fundamentalkritik an der Flüchtlingspolitik der Bundesregierung, die aus nur zwei Sätzen besteht: »Mit wachsendem Befremden beobachten wir, wie Deutschland durch die illegale Masseneinwanderung beschädigt wird. Wir solidarisieren uns mit denjenigen, die friedlich dafür demonstrieren, dass die rechtsstaatliche Ordnung an den Grenzen unseres Landes wiederhergestellt wird.« Der Kurztext wurde später von mehreren Hunderttausend Bürgern unterschrieben (nur 15 Prozent davon waren Frauen) und als Petition beim Deutschen Bundestag eingereicht. Er verdeutlicht beispielhaft, warum es so schwierig ist, mit Rechten zu reden, wenn man ihre Prämissen nicht teilt.

In der »Erklärung« von 2018 wird einfach vorausgesetzt, was man doch vernünftigerweise bezweifeln kann: dass es so etwas wie eine »illegale Masseneinwanderung« überhaupt gibt; dass die Masseneinwanderung Deutschland »beschädigt«; dass die »rechtsstaatliche Ordnung an den Grenzen« zusammengebrochen ist und »wiederhergestellt« werden muss. Zudem wird unterstellt, Schutzsuchende seien immer auch Einwanderer. Alle diese Prämissen lassen sich bestreiten. Vor allem jedoch muss die noch fundamentalere Prämisse bestritten werden, dass nämlich »Deutschland« ein Schutzgut sei, das selbstverständlich über allen anderen Schutzgütern stehe, zum Beispiel dem Asylrecht von Verfolgten. Aus der nationalistischen Sicht der Verfasser der »Erklärung« mag dies ein verrückter Gedanke sein, aber auch Leib und Leben von Flüchtlingen verdienen Schutz und Respekt, selbst dann, wenn die bestehende »Ordnung« deswegen einen Augenblick lang ins Wanken gerät.

Der einflussreiche Diskurs, der in der »Erklärung« anklingt, richtet sich in Wirklichkeit nicht gegen »illegale« Masseneinwanderung, sondern gegen Masseneinwanderung als solche. Die Unterzeichner wären jedenfalls bestimmt auch nicht einverstanden mit Vorschlägen, mehr legale Einwanderungsmöglichkeiten zu schaffen oder die Illegalität des Aufenthalts bestimmter Personen durch nachträgliche Legalisierung aufzuheben. Der Ausdruck »Masseneinwanderung« soll zudem signalisieren, dass man nicht grundsätzlich gegen jede Art von Einwanderung ist. Selbst Trump verkündete seinerzeit, dass weiße Menschen aus einem Land wie »Norwegen« sehr wohl in die USA einwandern dürften. Auch ist die »Erklärung« so verfasst, dass sich die viel zitierten IT-Spezialisten und andere Fachkräfte aus dem Ausland weiterhin in Deutschland willkommen fühlen dürfen. Aus anderen Wortmeldungen der Unterzeichner wird ersichtlich, wer nicht willkommen ist: vor allem Muslime, aber auch Afrikanerinnen. Der Publizist Henryk M. Broder, einer der Erstunterzeichner, nennt merkwürdigerweise sogar ein einzelnes Land. Es solle sich »bis in die letzten Winkel des Senegal« herumsprechen, dass die Menschen aus diesem Land in Deutschland nicht erwünscht seien.[8] Was an Senegalesen so schlimm ist, erfahren wir nicht. Vielleicht ist ja »Senegal« – ähnlich wie »Norwegen« – nur eine Metapher. Aber wofür?

Auch sonst gibt es in der Sprache der Anti-Einwanderungsbewegungen seit dem 19. Jahrhunderts nichts wirklich Neues. Alle diese Bewegungen variieren geradezu obsessiv immer wieder dieselben Motive. Vier dieser Motive lassen sich unterscheiden.

Das erste besteht darin, dass Migranten als eine gesichtslose Masse vorgestellt werden, die sich über das Land ergießt, als Brei oder Flut. Es scheint eine ihrer Eigenschaften zu sein, dass sie nur in Massen und Horden auftreten, nie als Einzelwesen, die ihre natürliche Freiheit und Gleichheit reklamieren. Wenn sich einwanderungskritische Politiker um Sachlichkeit bemühen, dann ist nicht von Massen und Horden die Rede, sondern von den »Grenzen der Aufnahmefähigkeit« der Gesellschaft. Aber diese Grenzen sind nicht einfach gegeben, sondern verschieben sich mit anderen Größen wie der Energieproduktion, der Bautätigkeit, der Verkehrsinfrastruktur, dem Gesundheitssystem, dem Arbeitskräftebedarf und so weiter. Auch unsere Lebensformen spielen eine Rolle bei der Bestimmung der Aufnahmefähigkeit. Meistens ist der Hinweis auf die Grenzen der Aufnahme*fähigkeit* aber ohnehin nur ein Hinweis auf die angeblichen Grenzen der Aufnahme*bereitschaft* der Einheimischen für Migrantinnen und eine Verbeugung vor dem einwanderungsfeindlichen Teil der Bevölkerung. Die Senkung dieser Aufnahmebereitschaft wiederum ist das eigentliche Ziel der Anti-Einwanderungsrhetorik.[9]

Zweitens sind es nicht nur zu viele, sondern es werden auch immer mehr. Der Brei quillt immer weiter, weil immer mehr dazukommen oder die Migrantinnen sich beängstigend schnell vermehren. »Wie die Kaninchen«, lästerten weiße Siedler schon vor hundert Jahren in Südafrika über indische Vertragsarbeiter – »*like rabbits*«.[10]

Drittens sind Migranten in der Sprache der Einwanderungsgegner radikal anders und kulturell inkompatibel. Sie würden sich nicht anpassen und sich nicht mit den Einheimischen vermischen, klagte man einst in Australien über die Chinesen. Man beeilte sich, sogleich hinzuzufügen, dass eine solche Vermischung natürlich auch gar nicht wünschenswert wäre.[11]

Das vierte Merkmal, das migrantischen Subjekten immer wieder angedichtet wird, ist ihre urwüchsige Sinnlichkeit und Aggressivität. Diese Aggressivität kann von ihren Körpern selbst im Ruhezustand ausgehen, da sie oft gefährliche Krankheitserreger in sich tragen, etwa Cholera oder Syphilis. In Bewegung bieten ihre Körper noch mehr Anlass zur Sorge. Nach dem Zweiten Weltkrieg fanden es manche Westdeutsche bedenklich, wie ausgelassen die Kinder der deutschen Vertriebenen aus dem Osten tanzten. So mokierte sich der bayerische Kardinal Faulhaber im Jahr 1947 über die »Tanzwut der Flüchtlingsjugend«.[12] Viel früher schon erregten polnische Frauen im Ruhrgebiet Aufsehen und Missbilligung, wenn sie an Sonn- und

Feiertagen grellbunte Röcke und seidene Kopftücher trugen, in der Kirche niederfielen und den Boden küssten. Ihre Röcke schienen sich dabei wie Fallschirme sachte zu entfalten. Nicht allen gefiel dieses Spektakel.

Ungefähr zur selben Zeit wurde auch chinesischen Migranten in San Francisco vorgeworfen, sie überließen sich unkontrolliert ihren Leidenschaften. Evangelikale Prediger fanden, dass sie – kaum zu glauben – noch schlimmer seien als die Iren. Hinzu kam, dass chinesische Männer als von Natur aus sexuell übergriffig galten. In den USA und Australien schien es lange Zeit eine ausgemachte Sache zu sein, dass sie bei jeder sich bietenden Gelegenheit junge Frauen in Fallen lockten.[13]

Radikale Anti-Einwanderungsbewegungen schreiben alle diese vier Merkmale mit bedrückender Regelmäßigkeit den jeweils aktuellen Migrantengruppen zu: massenhaftes Auftreten, ungesteuerte Vermehrung, unüberbrückbare kulturelle Andersartigkeit und aggressive Sinnlichkeit oder Sexualität. Die deutsche Pegida-Bewegung oder weiße Nationalisten in den USA sind Musterbeispiele. Weniger radikale Anti-Einwanderungsbewegungen – die konservativen Brexit-Befürworter in Großbritannien oder die Unterstützerinnen der wiederkehrenden »Begrenzungsinitiativen« in der Schweiz – haben nur zwei oder drei dieser Merkmale aufgerufen, um für ihre Sache zu werben. Damit man überhaupt von einer Anti-Einwanderungsbewegung sprechen kann, muss allerdings zumindest klargemacht werden, dass es von den unerwünschten Eingewanderten *zu viele* gibt und dass sie *zu anders* sind.

Diese beiden Merkmale haben den großen Nachteil, dass sie sich nicht objektiv bestimmen lassen. Was heißt schon »zu viele« oder »zu anders«? 12,5 Prozent der Wohnbevölkerung in Deutschland haben keinen deutschen Pass, sondern vielleicht nur einen türkischen oder polnischen. Ist das ein Problem? Seit 2011 sind etwa 800 000 Menschen aus Syrien nach Deutschland geflohen. Waren das zu viele? Zwischen dem 5. und dem 14. September 2015 haben 67 000 Flüchtlinge den Münchner Hauptbahnhof und dann das Stadtgebiet erreicht. Klingt viel, aber woran gemessen waren es »*zu* viele«? Gibt es eine Zahl, bei der die Einwanderungsgegner gesagt hätten: »Okay, das akzeptieren wir«? Dafür gibt es keine Hinweise.

Das war in der Vergangenheit nicht anders. Ich erinnere daran, dass es in Neuseeland nach dem Zensus von 1901 genau 2857 Chinesen inmitten einer Bevölkerung von ungefähr 800 000 gab. Sie arbeiteten unauffällig als Minenarbeiter, Kleinhändler, Gärtner oder Köchinnen. Das änderte nichts daran, dass es eine massive antiasiatische Agitation gab und eine riesige Angst vor dem »gelben Terror«.[14] Ähnlich war es an der Westküste der USA. In San Francisco gab es im Jahr 1870 nur 88 Chinesen und trotzdem große Demonstrationen gegen deren Präsenz im Bundesstaat Kalifornien. Ein Jahr später kam es in Los Angeles zu gewalttätigen Ausschreitungen gegen Chinesen, obwohl es dort von ihnen noch weniger gab als in San Francisco.[15] Die antichinesischen Kräfte hatten gleichwohl den Eindruck, dass zwei oder drei Dutzend Chinesinnen in der Stadt einfach zu viele waren. Die gefühlten Grenzen der Aufnahmefähigkeit waren überschritten. Später, im Jahr 1939, als europäische Juden um ihr Leben fürchten mussten und in Kanada einzureisen versuchten, wurden sie ebenfalls mit dem Verweis auf eine Zahl abgewiesen. Auf die Frage, wie viele Juden in Kanada Platz hätten, sagte ein Beamter der kanadischen Einwanderungsbehörde den Satz, der heute zu einem geflügelten Wort geworden ist: »None is too many« – »Selbst keiner ist schon zu viel«.[16] Null Migranten ist die magische Zahl, die radikale Einwanderungsgegner anstreben. Auch Reinhard Merkel, langjähriges Mitglied im Deutschen Ethikrat, hat der Bundesregierung nahegelegt, »die Obergrenze für Armutsmigranten auf null zu senken«.[17]

Mit der Bestimmung der inakzeptablen Andersartigkeit von Migranten verhält es sich ähnlich. Kulturelle, politische, ethnische oder religiöse Differenzen sind real, aber die radikale Andersartigkeit der anderen, die ein Zusammenleben unmöglich macht, ist ein Produkt der kollektiven Phantasie. Diese Phantasie ergänzt unsere Wissenslücken im Umgang mit unbekannten anderen. Der Nationalismus und der Rassismus lösen das von Hobbes geschilderte Problem auf ihre eigene, wahnhafte Art. Sie suggerieren, dass es Wege gibt, »die Guten von den Bösen« zu unterscheiden, und zwar auch ohne die jeweiligen Menschen näher kennenzulernen. An ihrer Sprache, Religion oder Herkunft, so behaupten sie, können wir ablesen, ob wir mit den Fremden zusammenleben können, vielleicht auch an äußeren Merkmalen ihrer Körper.

## PASSIVER FASCHISMUS

Die zitierte »Erklärung« von 2018 und viele der Artikel, die von den Unterzeichnern an anderen Stellen veröffentlicht wurden, bemühen eine klassische Gefährdungsthese, die zum Repertoire der Rhetorik der Reaktion gehört.[18] Diese These, die oft demonstrativ gemäßigt und bürgerlich-vernünftig daherkommt, gibt zu bedenken, dass eine anscheinend progressive oder humanitäre Politik – zum Beispiel die Öffnung der Grenzen für Flüchtlinge – die Errungenschaften einer vorangegangenen Politik bedrohen oder zunichtemachen kann. So wurde in den vergangenen zwei Jahrhunderten immer wieder argumentiert, dass die Demokratie die Freiheit, der Sozialstaat die liberale Demokratie oder eben die Einwanderung den Sozialstaat gefährde. Diese Rhetorik ist reaktionär, weil sie sich gegen die Ausweitung von Freiheit und Gleichheit auf die bisher Ausgeschlossenen richtet.

Hinzu kommt nun allerdings noch, dass viele der reaktionären Bewegungen, die sich weltweit gegen Einwanderung richten, eine Nähe zu Gruppen aufweisen, die für weiße Vorherrschaft, eine Neubewertung des Faschismus oder irgendeine Variante von dem eintreten, was Goebbels das »gesittete Abendland« nannte. Viele dieser Menschen gieren geradezu nach Gewalt gegen alles Fremde und Unverstandene und jubeln teilweise unverhohlen über den Tod von anderen, und das nicht nur im Internet. »Absaufen, absaufen!«, grölten Bürger in Dresden bei einer Pegida-Demonstration im August 2018, als sie von ertrinkenden Migrantinnen im Mittelmeer hörten. Als sich im Februar und März 2020 die Krise im Flüchtlingslager Moria auf der griechischen Insel Lesbos wieder einmal zuspitzte, die Angst vor Covid-19-Infektionen umging und die Bundesregierung beschloss, eine (viel zu) kleine Zahl von kranken Kindern aus dem Lager zu evakuieren, gab es kein Halten mehr. Nachdem die *Welt* ein Interview mit Florian Westphal von »Ärzte ohne Grenzen« veröffentlichte, der für die Rettung von Kindern plädierte, tobten die Leser und forderten in Onlinekommentaren die Zwangsdeportation aller Flüchtlinge in die Türkei oder egal wohin. Sollen sich die Leute doch die Hände waschen, schrieb einer. Andere hofften darauf, das Virus möge unter den Flüchtlingen wüten. »Biologische Lösungen«, so der Leser »Björn B.«, seien immer noch die besten.[19]

Zeigt sich hier eine neue faschistische Mentalität? Jedenfalls haben wir es mit einem Phänomen zu tun, das sich nicht angemessen unter der Rubrik des »Populismus« einordnen lässt. Populistisch oder rechtspopulistisch nennt die Politikwissenschaft die weltweit aufsteigenden Parteien und Bewegungen, die im Namen des »Volkes« gegen alles Mögliche antreten: gegen Masseneinwanderung, gegen das Recht auf Asyl, gegen die Europäische Union, Multikulturalismus, Klimaschutz, Feminismus, autofreie Innenstädte, gendergerechte Sprache, Kopftücher, den »Islam«, Naturschutz für Wölfe, frühkindliche Sexualerziehung, das Rauchverbot in Kneipen, die »Diskriminierung« von Dieselfahrzeugen, öffentlich-rechtliche Medien, Minderheitenrechte sowie gegen die Autonomie von Wissenschaft, Kunst, Justiz und Medien. In so unterschiedlichen Ländern wie Ungarn oder den USA kann man studieren, was passiert, wenn solche Strömungen an die Macht kommen. Aber Populismus ist eine ungenaue, allzu beschönigende Bezeichnung. Ist Faschismus der bessere Begriff?

Dieser Vorschlag wird in letzter Zeit öfter gemacht, aber es gibt große Unterschiede zwischen dem historischen Faschismus und dem, was wir heute beobachten. Vor allem zwei Unterschiede fallen auf. Erstens: In der Zwischenkriegszeit und danach waren europäische Nationalsozialisten und Faschisten vom Wahn besessen, einer revolutionären, maximal gewaltbereiten Elite anzugehören. Diese Elite sah ihre Aufgabe darin, einem vermeintlich verrotteten, historisch veralteten politischen System den Todesstoß zu versetzen, um auf seinen Trümmern nichts weniger als eine radikal neue Ordnung, einen neuen Menschen und eine neue politische Religion zu etablieren. Der britische Faschismusforscher Roger Griffin hat das »palingenetischen Ultranationalismus« genannt.[20] Damit ist ein Nationalismus gemeint, der buchstäblich auf eine »Wiedergeburt« (*palingenesis*) des Volkskörpers durch Zucht, Züchtigung und Ausrottung setzt. Auch wenn er nicht gänzlich verschwunden ist, hat dieser Mythos in der Zwischenzeit sehr viel von seiner Faszination verloren. Zu tief hat sich die Erinnerung an das unermessliche Leid, das der Faschismus über die Welt gebracht hat, ins kollektive Gedächtnis eingegraben.

Zweitens ist der eher reformistische und parlamentarisierte Faschismus der Gegenwart nicht länger an imperialistischen Kriegen und der Eroberung neuer »Lebensräume« interessiert. Ganz im Gegenteil. An die Stelle der alten Klage vom

»Volk ohne Raum« tritt die neue Angst vor einem Raum ohne »Volk« – einem nationalen Territorium, das allmählich und absichtlich in ein bloßes »Siedlungsgebiet« (Alexander Gauland) für Migranten aus aller Welt verwandelt würde. Die neuen Rechtsradikalen möchten nicht die Welt erobern, sondern sie sich ganz unmetaphorisch – durch möglichst hohe Mauern, Einreiseverbote und ferne Auffanglager für Migranten – vom Leib halten.

Die neue Rechte, allen voran in den USA, reagiert auf die Serie von Niederlagen, die der Westen seit dem 11. September 2001 erlitten hat, mit der Forderung nach Rückzug. Das hat auch sein Gutes. Nicht anders als ihre Gegner sind die neuen Rechten Geschöpfe einer kriegsmüden, individualisierten, postheroischen Gesellschaft. Vielleicht träumen auch sie ab und zu noch von Staat und Nation als gepanzerten Ganzheitsmaschinen. Aber sie sind nicht von vergleichbaren, durch Krieg, Drill und Prügel geprägten Körperzuständen gezeichnet wie ihre Vorfahren nach dem Ersten Weltkrieg. Die Aggressivität ist heute eine andere. Sie ist anders organisiert und geht in eine andere Richtung.

Vor allem geht die destruktive Energie jetzt nach innen. Das haben die von der radikalen Rechten unterstützten »Corona-Demonstrationen« deutlich gezeigt: In zahlreichen Ländern wurde zum Boykott der vom Staat vorgegebenen Maßnahmen zur Bekämpfung des Virus aufgerufen, der die jeweils eigene Bevölkerung bedroht. In Brasilien und in den USA haben Gouverneure und Regierungschefs tatenlos zugeschaut, wie das Virus besonders in den ärmeren Schichten und unter den Schwarzen grassierte. In Deutschland musste man fassungslos verfolgen, wie junge Männer mit Reichsflaggen – Seite an Seite mit Veganern und Impfgegnerinnen – auf ihre Grundrechte pochten und lautstark die Absetzung der »faschistischen Merkel-Diktatur« forderten.

Womit wir es zu tun haben, ist ein neuer, »demokratischer Faschismus«.[21] Ein Merkmal dieser neuen politischen Strömung ist die Lust auf Chaos. Eine dänisch-amerikanische Forschergruppe hat nachgewiesen, dass es immer mehr Menschen gibt, die ein solches »Bedürfnis nach Chaos« zum Ausdruck bringen und mit relativer Passivität verbinden. Man begnügt sich mit der Verbreitung bösartiger Gerüchte und bizarrer Verschwörungstheorien oder mit einer in Onlineforen geteilten Schadenfreude über Tod und Elend der anderen. In einer Umfrage haben zahlreiche Befragte zu Protokoll gegeben, dass sie gerne zuschauen würden, »wie die Welt brennt«. Manche finden Nachrichten über verheerende Naturkatastrophen in anderen Ländern geradezu erregend. Nicht von einer neuen Ordnung träumt man, sondern von der Zerstörung der alten.[22]

Das zentrale Element von Passivität und Rückzug, das den neuen, demokratischen Faschismus von seinem historischen Vorläufer unterscheidet, lässt sich auch anders umschreiben. Der Historiker und Sinologe Karl August Wittfogel hat in seiner Studie über »orientalischen Despotismus« die Unterscheidung zwischen zwei Machtformen eingeführt: der autoritären »Kontrolle« und der systematischen »Vernachlässigung« von Bevölkerungen.[23] Im Sinne dieser Unterscheidung kämpft der neue demokratische Faschismus für die Wiedergewinnung einer möglichst umfassenden Kontrolle über das »eigene« Land und seine Grenzen. Zugleich plädiert er für die Vernachlässigung der vielen anderen, die weit weg im Meer ertrinken, in der Wüste verdursten oder in Lagern verkümmern. Dieser passive Faschismus, wie ich ihn nenne, möchte mehr Gleichgültigkeit gegenüber all denjenigen, die nicht zum eigenen, eng definierten nationalen Kollektiv gehören.

Das passt auch zu den erwähnten Leserbriefen an die *Welt*. Wenn Erstsemester im Philosophieunterricht lernen sollen, was eine moralische Verpflichtung ist, hören sie das Beispiel von dem Schwimmer, der an einem See spazieren geht, in dem ein Kind zu ertrinken droht. Jedem ist klar, wozu der Schwimmer verpflichtet ist. Aber an den Anhängerinnen und Mitläufern der neuen völkischen Bewegungen perlt das Gedankenspiel ab. Sie werden nicht berührt vom unverschuldeten Leid der anderen, weil sie selbst in dem Gefühl leben, in den Fluten zu ertrinken, die sich über sie und »ihr« Land in Gestalt von Flüchtlingen und Migranten ergießen. Sie sehen sich als Opfer eines geplanten oder nicht verhinderten »kulturellen Genozids«[24] durch Masseneinwanderung. Jetzt warten sie auf jemanden, der sie rettet. Bis es so weit ist, erfreuen sie sich an den Säuberungsphantasien der neuen Rechten und sind einverstanden damit, dass der Faschismus zumindest als Sprache und Phantasma zurückkehrt.

## SCHÄDEN DURCH MIGRATION UND MIGRATIONSFEINDLICHKEIT

Der erste Glaubenssatz der neuen Rechten lautet, dass Einwanderung schlecht ist für Deutschland und seine Bürger, aber natürlich auch für andere Länder wie die Schweiz, Österreich oder die USA. Die »Erklärung« von 2018 spricht wörtlich davon, dass »Deutschland« durch Masseneinwanderung »beschädigt« wird. Gibt es eine Deutung dieses Satzes, der auch Menschen zustimmen würden, die keine Nationalisten sind? Man könnte zum Beispiel an die sexuellen Übergriffe und Vergewaltigungen durch Asylbewerber denken, die in Köln, Freiburg und anderswo stattgefunden haben. Aber dadurch wurde das Leben konkreter Personen beschädigt, nicht Deutschland. Vielleicht ist der Satz über die Beschädigung Deutschlands auch so gemeint, dass Schutzsuchende, die in der »Erklärung«

nicht weiter unterschieden werden von anderen Migrantinnen, Kosten produzieren, die durch die Allgemeinheit gedeckt werden müssen. Dass die Unterbringung von Flüchtlingen, dass Integrationskurse und andere Sozialleistungen Geld kosten, ist trivial, aber warum wird dadurch Deutschland beschädigt? Langfristig sind die Flüchtlinge von gestern, wenn man sie tatsächlich einwandern und arbeiten lässt, die Steuer- und Beitragszahlerinnen von morgen, die das ausgegebene Geld wieder erwirtschaften. Aber auch wenn das nicht der Fall sein sollte: Deutschland wird durch einen Anstieg der Haushaltsmittel für Flüchtlinge vielleicht kurzfristig belastet, aber doch nicht »beschädigt«.

Von einem Schaden kann man nur dann sprechen, wenn das Handeln einer Person schutzwürdige Interessen und damit die Rechte einer anderen Person beeinträchtigt. In unserem Fall müsste man zeigen, dass Flüchtlinge und Migrantinnen die Souveränität der Bundesrepublik Deutschland verletzen, die Rechte der Deutschen einschränken oder die Funktionsweise der demokratischen Institutionen gefährden. Von alledem kann nicht die Rede sein.

Deutschland wird nicht beschädigt, aber wahr ist, dass sich viele Deutsche durch die Flüchtlingsbewegung und überhaupt durch die anhaltende Migration bedroht, missachtet, vergessen oder herabgesetzt fühlen. Der Philosoph Joel Feinberg hat »Schaden« (*harm*) von Formen der moralischen »Verletzung« (*hurt*) unterschieden, die nicht im engen Sinne schädlich sind, aber dennoch als real empfunden werden. Bereits Hobbes sah diesen Unterschied zwischen körperlichen Schädigungen und solchen, die nur »in der Einbildung« existieren.[25] Manchmal kommen beide – reale Schäden und eingebildete Verletzungen – zusammen. Ein Beispiel aus der Geschichte: Die Besetzung des Rheinlands durch siegreiche französische Truppen nach dem Ende des Ersten Weltkriegs hat Deutschland Schaden zugefügt und war auch so gedacht. Dass ein großer Teil dieser Truppen aus den französischen Kolonien, etwa aus Tunesien, Marokko oder dem Senegal, stammte, hat den Schaden nicht vergrößert, wurde jedoch von den Deutschen als zusätzliche, ganz und gar unverzeihliche Erniedrigung empfunden. Von der »Schwarzen Schmach« war die Rede. Noch in den späten fünfziger Jahren beeinflusste die kollektive Erinnerung an die Präsenz von Schwarzen oder anderen People of Color in Deutschland, die zu allem Überfluss auch noch Angehörige einer siegreichen Armee waren, den Umgang der deutschen Behörden mit algerischen Flüchtlingen und Widerstandskämpfern.[26]

So ist es auch heute. Menschen können dadurch, dass andere, »fremde« Menschen ankommen, in geistige Not und Bedrängnis geraten und sich erniedrigt fühlen. Bitterkeit, Selbstmitleid und Wut sind die Folge. Diese Gefühle können unabhängig vom sozialen Status oder dem Einkommen einer Person entstehen. Das ist es, was vermutlich die Unterzeichner der »Erklärung« eint: das Gefühl, dass ihnen und nur ihnen bestimmte Privilegien zustehen; und die Kränkung, die daher rührt, wie man immer wieder hört, »nicht gefragt« worden zu sein, als man 2015 Flüchtlinge ins Land ließ, oder überhaupt seine Meinung nicht mehr sagen zu dürfen. Für diese Verbitterten bricht eine Welt zusammen. Überall sehen sie Zeichen des Niedergangs und malen sich Katastrophenbilder einer neuen Schwarzen Schmach aus: »Plünderung von Städten, Vergewaltigung der Bevölkerung, Pyramiden von Knochen, Verwüstung weit und breit.«[27] Ihre Politik orientiert sich an solchen Katastrophenbildern, nicht an sorgfältigen Gefährdungsdiagnosen.

Hobbes hat die Quelle großer Verbrechen in der ungerechtfertigten Selbsterhebung eines Teils der Menschheit über alle anderen gesehen. Über die Menschen schrieb er: »Zu den Leidenschaften, die am häufigsten Ursache von Verbrechen sind, gehört einmal Prahlerei oder ein krankhaftes Überschätzen des eigenen Wertes – als ob ein Wertunterschied das Ergebnis ihres Verstandes, Reichtums, Blutes oder einer anderen natürlichen Eigenschaft wäre.«[28] Hier liegt die gemeinsame Wurzel des Übels, das die Anti-Einwanderungsbewegungen darstellen: Sie überhöhen den Wert ihrer eigenen, eng definierten Nation und gehen wie selbstverständlich von einem »Wertunterschied« aus, der die Mitglieder dieser Nation vom Rest der Menschheit abhebt. Der ältere Faschismus hat den vermeintlichen Wertunterschied auf Unterschiede des »Blutes« zurückgeführt, während der demokratische Faschismus der Gegenwart eher auf unüberbrückbare kulturelle Gegensätze verweist.

Das krankhafte Überschätzen des eigenen Wertes und die damit einhergehende Abwertung anderer Menschen sind außerordentlich schädliche Haltungen, auch wenn sie nicht direkt zu großen Verbrechen führen. Das ist die Pointe meines Arguments. Nicht Migranten gefährden die soziale Stabilität und den Wohlstand, sondern ihre radikalen Gegner.

Auf lange Sicht war Einwanderung – und zwar gerade die massenhafte Einwanderung – immer von großem Vorteil für die betroffenen Regionen. Die Londoner Wirtschaftshistorikerin Sandra Sequeira und ihr Team haben für die USA gezeigt, dass noch heute diejenigen Bezirke landesweit am besten dastehen, die in der Zeit der größten Masseneinwanderung zwischen 1850 und 1920 die meisten Einwanderer anzogen. Diese Bezirke sind es, in denen die Wirtschaft am stärksten, die Arbeitslosigkeit am niedrigsten und die Innovationskraft am größten ist. Auch die Tatsache, dass die Migrantinnen nicht mehr aus Westeuropa oder Skandinavien, sondern zu einem großen Teil aus Regionen Süd- und Osteuropas kamen, die als fremdartig galten, hat dem sozialen Zusammenhalt nicht geschadet.[29]

Umgekehrt gilt, dass Städte und Regionen, die über lange Zeiträume hinweg keine Migranten anlocken, irgendwann auch für die Einheimischen so unattraktiv werden, dass sie selbst an

Abwanderung denken. In absteigenden Regionen beschleunigt die Agitation gegen Einwanderung die Abwärtsspirale, weil sie zuwanderungswillige Menschen abschreckt.

## ENTFESSELTER UTOPISMUS

Die Protagonisten von Anti-Einwanderungsbewegungen bilden sich viel auf ihren Realismus ein. In Wirklichkeit sind sie jedoch Anhänger einer falschen Utopie – einer Utopie, die weder notwendig noch durchführbar ist. In seinen Untersuchungen über dschihadistische Milieus in Frankreich hat der französische Radikalisierungsforscher Farhad Khosrokhavar dafür den Begriff der »entfesselten Utopie« eingeführt.[30] Damit ist eine irrationale Wunschvorstellung gemeint, die Ideologie und Gewalt verbindet, ohne sich um die Chancen ihrer Verwirklichung zu scheren. Entfesselte Utopien gehen in Richtung der bereits erwähnten orientierungslosen Lust auf Chaos und Zerstörung.

Die Antwort auf die Frage, was die Anti-Einwanderungsbewegungen wirklich wollen, lautet nicht: geschlossene Grenzen. Sie lautet vielmehr: geschlossene Grenzen *für die anderen*. Die vollkommene Naivität dieser Bewegungen besteht darin, dass sie glauben, das obszöne Ideal einer Welt mit offenen Grenzen für nur wenige dadurch erreichen zu können, dass immer höhere Mauern gegen Migranten errichtet werden, immer mehr Migranten in Lager gesteckt werden oder unterwegs umkommen. Europa soll eine noch perfektere Festung werden, deren Tore man sehr wohl öffnen kann, aber nur *von innen*. Der größte Teil der Menschheit soll mit Zwang da festgehalten werden, wo er ist. Umgekehrt sollen Europäer und Amerikanerinnen weiterhin die Freiheit genießen, sich überall in der Welt umzusehen, als Touristinnen, Arbeitssuchende oder Kulturreisende.

Noch obszöner ist die Kehrseite des Traums vom Volksleben hinter hohen Mauern, nämlich die ethnische Säuberung des nationalen Kollektivs durch Massenabschiebungen. Im Milieu der AfD wird diese Utopie unter dem Stichwort der »großen Remigration« diskutiert. Einer ihrer eloquenten Befürworter ist Hans-Thomas Tillschneider, Abgeordneter im Landtag von Sachsen-Anhalt. In einer um Mäßigung bemühten Antwort auf Vorwürfe des Verfassungsschutzes betont Tillschneider, dass das »Remigrationsprogramm« seiner Partei verfassungskonform sei, weil es sich »nicht auf schon eingebürgerte Deutsche« beziehe. Das widerspricht zwar der sonst üblichen Rhetorik seiner Partei, die immer wieder Deutsche mit ausländischen Wurzeln als Nichtdeutsche bezeichnet. Richtig beruhigt werden die schon eingebürgerten Migranten daher nicht sein. Angst und Schrecken dürfte das Remigrationsprogramm aber vor allem unter den nichtdeutschen Einwohnern des Landes verbreiten, sollte die AfD einmal auch nur in die Nähe der Macht kommen. Ähnlich wie in der Bismarck-Zeit lautet das erklärte Ziel, eine unbestimmte, möglichst große Zahl von Menschen ohne deutschen Pass vom Territorium der Bundesrepublik Deutschland zu entfernen. Tillschneider schlägt vor, mit der strikten Abschiebung aller ausreisepflichtigen Ausländer und der Abschaffung von Duldungstatbeständen anzufangen.[31]

Der letztgenannte Punkt ist zentral, denn in demokratischen Rechtsstaaten haben auch Ausländerinnen Rechte und können zum Beispiel gegen ihre geplante Abschiebung klagen. Daher müssten die Befürworter einer großen Rückwanderung ein radikal neues, restriktives Aufenthaltsrecht schaffen. Man könnte die Uhr zurückdrehen und sich ein Beispiel nehmen an der preußischen Ausländerpolizeiverordnung von 1932, in der die Polizeibehörden ausländische Personen fast uneingeschränkt ausweisen konnten, ohne dass diese vor Gericht klagen konnten. Oder man folgt dem Wortlaut der Ausländerpolizeiverordnung von 1938, in der es in § 1 heißt: »Der Aufenthalt im Reichsgebiet wird Ausländern erlaubt, die nach ihrer Persönlichkeit und dem Zweck ihres Aufenthalts im Reichsgebiet die Gewähr dafür bieten, daß sie der ihnen gewährten Gastfreundschaft würdig sind.«

Denken wir den Plan von Tillschneider zu Ende. Das hilft, den Abgrund zu ermessen, in den das Remigrationsprogramm das Land stürzen würde. Im Jahr 2019 betrug der Ausländeranteil in Deutschland 12,5 Prozent der Wohnbevölkerung, das sind etwa elf Millionen, die meisten davon aus der Türkei, Polen, Syrien, Rumänien und Italien. Nur »schon eingebürgerte Deutsche« dürfen sich in Tillschneiders Phantasie sicher fühlen, nicht abgeschoben zu werden. Alle anderen verlieren mit der erträumten Verschärfung des Aufenthaltsrechts ihren Status und werden zu bloßen Gästen in Deutschland.

Ganz sicher abgeschoben werden sollen alle ausreisepflichtigen und geduldeten Personen. Halten wir uns ein paar Zahlen vor Augen, um den Aberwitz dieser Phantasie zu illustrieren. 2019 wurden 22 097 Menschen aus Deutschland abgeschoben, die meisten in ihre Herkunftsländer. In weiteren 32 000 Fällen scheiterten geplante Abschiebungen, weil die Betroffenen untertauchten oder aus anderen Gründen. Die Abschiebungen, die tatsächlich erfolgen, sind zeitaufwendig und personalintensiv. Es gibt Beispiele von Charterflügen, bei denen 90 Abzuschiebende von fast ebenso vielen Bundespolizisten, Ärztinnen und Sanitätern begleitet werden mussten.[32]

Eine Regierung, die das Programm der großen Remigration in Angriff nehmen will, müsste also erst mal kräftig aufrüsten und mehr Abschiebehaftplätze schaffen sowie massenhaft Polizeikräfte einstellen, um alle ausreisepflichtigen Personen festzusetzen. Wenn es gelingen sollte, alle Duldungstatbestände zu streichen, entstünde ein Bedarf an Haftplätzen für mehr als 200 000 Personen. Zum Vergleich: In Deutschland gibt es etwa

60 000 Gefangene und Verwahrte in Justizvollzugsanstalten, die bereits jetzt überfüllt sind. Wohin also mit all den Unerwünschten?

Es ist völlig unerklärlich, wie das Remigrationsprogramm ohne den massiven Einsatz staatlicher und privater Gewalt verwirklicht werden sollte. Tillschneider ahnt das Problem und stellt neben Zwang auch Anreize für eine »freiwillige Remigration« in Aussicht, etwa dadurch, dass die in Deutschland erworbenen Rentenansprüche ausgezahlt werden könnten. Der Politiker vergisst allerdings zu erwähnen, dass solche Anreize in Deutschland bereits nach 1983 im Rahmen eines Gesetzes zur Rückkehrförderung für arbeitslose Ausländerinnen und ihre Familien ausprobiert wurden – mit sehr mäßigem Erfolg. Man kann es auch mit Rückkehrprämien versuchen, wie sie Israel sowohl an eritreische und sudanesische Flüchtlinge als auch an afrikanische Staaten gezahlt hat, die bereit waren, diese Flüchtlinge aufzunehmen, auch wenn es nicht deren Herkunftsstaaten waren. Bei Hunderttausenden Abschiebekandidaten würde das allerdings schwierig – und sehr teuer. Die Initiatoren des Projekts der massenhaften Rückführung von Ausländern müssten eine enorme Gewaltmaschinerie in Gang setzen, um zu ihrem Ziel zu kommen. Das ist lebensfremd, eine solche Gewaltmaschinerie gibt es nicht. Die neuen Rechten können höchstens davon träumen.

Die nationalistische Utopie eines Territoriums ohne Ausländer oder nur mit Ausländern, die keine Rechte mehr haben, ist zweierlei: eine Anstiftung zur Gewalt, weil selbstverständlich vorausgesetzt wird, dass Menschen ohne deutschen Pass rechtlos gemacht werden dürfen oder verschwinden sollen; sowie ein unrealistisches Ideal, weil die Bereitschaft zur Ausübung der massiven Gewalt, die zu seiner Verwirklichung notwendig wäre, zwar herbeigesehnt, jedoch unter den gegebenen Bedingungen nicht mobilisiert werden kann.

Aber nehmen wir einmal an, dass es eines Tages einen solchen Triumph des Willens gibt, dass alle nötigen Polizeikräfte, Haftplätze und Wärter zur Verfügung stehen, ärztliche Atteste nichts mehr gelten, der Rechtsweg ausgeschlossen ist und die Kapazitäten für den Abtransport von Menschen um das Hundertfache vergrößert worden sind. Selbst dann wird es weitere Probleme geben, die nicht durch bloße Willenskraft gelöst werden können. So sind Abschiebungen auf gute bilaterale Beziehungen zwischen den Herkunfts- und Ankunftsstaaten der Migranten angewiesen. Solche guten Beziehungen sind aber unwahrscheinlich unter rechtsradikalen Regierungen, deren Sprecher den Kolonialismus verteidigt haben und die Entwicklungszusammenarbeit einstellen wollen. Also sind Spannungen mit den Ländern im globalen Süden, in die abgeschoben werden soll, unvermeidlich. Die Spannungen, die innerhalb Europas entstehen würden, wenn Deutschland mit der Freizügigkeit innerhalb der EU bräche und beispielsweise Abertausende von polnischen Einwohnern ohne deutschen Pass nach Polen abschöbe, kann man sich ebenfalls leicht ausmalen.

Nicht zuletzt wird es enorme Spannungen geben mit einem großen Teil der eigenen Bevölkerung. Man darf annehmen, dass zahlreiche Menschen nicht tatenlos zusehen würden, wenn Arbeitskolleginnen und Nachbarn zu Tausenden deportiert werden sollen. Die Regierungspartei, die mit der Aufgabe der Rückführung der ausländischen Bevölkerung betraut wäre, müsste sich als das entpuppen, was sie im Kern bereits ist: eine »Bürgerkriegspartei«, wie der konservative Journalist Volker Zastrow die AfD einmal genannt hat.[33]

Die Aussicht auf den Bürgerkrieg entzückt aber nur wenige. Ein Politikentwurf, der auf die Zerstörung der Gesellschaft hinausläuft, kommt zumindest in Europa nicht wirklich gut an. Der Nationalismus ist daher eine undurchführbare, entfesselte Utopie. So gesehen dürfte die neue Rechte mit ihrem Programm der gewaltsamen Entmischung und Säuberung der Bevölkerung auch zu etwas gut sein. Sie zeigt uns das düstere Bild einer Zukunft, die wir nicht wollen. Und je mehr wir darüber nachdenken, desto abschreckender wird dieses Bild einer möglichen Zukunft. So könnte die entfesselte Utopie der neuen Rechten wie eine Kraft wirken, die das Böse will und doch das Gute befördert.

Kapitel 7

# REALISMUS UND DEMUT

## Die Zukunft der europäischen Migrationsgesellschaft

Das Problem ist, dass Europa [...] ein multiethnischer oder, wenn man so lieber will, ein »bunter« Kontinent sein wird. Ob uns das passt oder nicht, spielt dabei keine Rolle: wenn es uns gefällt, umso besser; wenn nicht, wird es trotzdem so kommen.[1]

*Umberto Eco, »Die Migrationen des dritten Jahrtausends«*

Das Motto des italienischen Schriftstellers und Philosophen Umberto Eco nimmt die Schlussfolgerung dieses Buches vorweg. Nationen als ethnisch und kulturell einheitliche Kollektive gab es immer nur in der Phantasie von Nationalisten. Der Versuch, diese Phantasie in konkrete Politik umzusetzen, hat das Leben von unzähligen Menschen zerstört. Der Nationalismus mag weiter Schaden anrichten, aber die Phase der gewaltsamen Homogenisierung ganzer Gesellschaften dürfte wohl zumindest in Europa vorbei sein. Auch wenn es manchen nicht gefällt, werden die Nationen nach und nach ebenso vielfältig zusammengesetzt sein wie unsere erfolgreichen Fußballmannschaften. »Gewöhnt euch dran!«, möchte man denen zurufen, die darin ein Problem sehen.

Die Migrationsängste in Teilen der Öffentlichkeit und in der Politik, die ich gar nicht herunterspielen möchte, werden nichts daran ändern, dass Europa ein Einwanderungskontinent ist – und bleibt. Wenn die Ängste zur Hysterie werden, beschädigen sie allerdings die Länder, in denen sie vorherrschen, ohne doch die grundlegenden Tatsachen menschlicher Mobilität aus der Welt zu schaffen. Zu diesen Tatsachen gehört, dass Menschen ein vitales Interesse an grenzüberschreitender Bewegungs- und Niederlassungsfreiheit haben. Dieses Interesse ist so zentral, dass Aufklärer wie Thomas Hobbes in der körperlichen Bewegungsfreiheit eine »natürliche Freiheit« sahen, die den Individuen nicht genommen werden dürfe, solange sie nicht andere Individuen schädigen. Das Motiv, dass der Mensch nicht zu denken sei ohne »die Freiheit, aufzubrechen, wohin er will«,[2] durchzieht das moderne Denken ebenso wie die Literatur.

Das Bedürfnis der Menschen zu wandern, wohin sie wollen, ist so tief in ihrer Natur verankert, dass moderne Staaten es nur durch den Einsatz von massiver und umfassender Gewalt unterdrücken können. Diese Gewalt aber ist ohne Rechtfertigung. Da, wo sie ausgeübt wird, frisst sie sich in das Innere der Gesellschaft hinein und richtet nicht nur Migranten, sondern auch die Demokratie zugrunde. Alle demokratischen Verfassungen versichern nämlich, nicht nur den »Bürger« zu schützen, sondern auch den »Menschen« als solchen. Weil das so ist, gibt es keine Demokratie – keine offene Gesellschaft – ohne zumindest eine Perspektive offener Grenzen für alle.

In der Sprache der Migrationskritiker ist all das naiv und realitätsblind. »Realitätsferne und Hochmut« hat der Journalist Ulf Poschardt denen vorgeworfen, die vor einiger Zeit Geflüchtete aus überfüllten Lagern in Griechenland nach Deutschland holen wollten.[3] Realitätsfern soll heißen: zu zimperlich, nicht hart genug für die Welt, wie sie angeblich ist. Auf diese trostlose, immer gleiche Forderung nach einer Härte ohne Grund und Ziel antwortet dieses Buch, indem es den Spieß umdreht und den Vorwurf der Realitätsferne an die Migrationskritiker zurückgibt. Nicht umsonst habe ich meine Argumente für offenere Grenzen mit Verweisen auf den Erzrealisten Hobbes gespickt.

Der Vorschlag einer Utopie offener Grenzen nimmt für sich

in Anspruch, aufklärerisch und realistisch zu sein. Die Utopie ist realistisch, weil sie die Menschen und ihre Bedürfnisse nicht gewaltsam umformen will und sie lieber so nimmt, wie sie sind. Die Aufklärung fordert genau dies: die Menschen so zu akzeptieren, wie sie sind, um dann ihnen gemäße Gesetze zu formulieren.[4] Die globale Migrationsordnung verfährt jedoch umgekehrt, indem sie Gesetze ohne Rücksicht auf die natürliche Freiheit und Gleichheit aller formuliert und dann von den Einzelnen erwartet, dass sie sich verbiegen, um den Gesetzen Genüge zu tun.

Die Utopie offener Grenzen ist aber nicht nur realistisch, sondern auch das Gegenteil von hochmütig, nämlich: demütig und bescheiden. Demütig deswegen, weil sie auf der Einsicht in die Grenzen unserer Macht über andere Menschen beruht.[5] Globale Migrationsmanager und nationalistische Meinungsmacher glauben, dass man Migrationsbewegungen regulieren könne wie beliebige andere Ströme von Waren, Daten, Ressourcen oder Schadstoffen. Die Realisten und die Demütigen aber wissen, dass sich migrationswillige Menschen nicht willkürlich durch Zwang, Abschreckung und Belohnungen aufhalten oder steuern lassen. Sofern bestimmte Regeln eingehalten werden, sollte man die vielen Einzelnen gewähren und wandern lassen, da sie nur ihr Interesse an Selbsterhaltung verfolgen oder nach dem streben, was Hobbes die »Annehmlichkeiten des Lebens« nannte.[6]

## DIE VERGEBLICHKEIT DER MIGRATIONSKONTROLLE

In einem Buch über die Erfahrungen eines jungen Oberschlesiers, der sich vor dem Ersten Weltkrieg im Ruhrgebiet als Bergarbeiter anwerben ließ, habe ich die folgenden Zeilen gelesen:

»*Wir fahren*, sagte auch Valentin Matzeck zu mir, *jetzt heißt es an das neue Leben denken*! Ich dachte an das uns noch allen unbekannte Hoffnungsland, in das wir fuhren. Nach den Verheißungen des feisten Agenten mußte dort das Geld auf den Sträuchern wachsen … Der Zug rollte durch das flammende Westfalen – Dortmund, Bochum, Essen – die Kanonenstadt Krupp. Rauch, Donnerschlag, verrußte Kasernen, das Ruhrgebiet, das *Kap der Guten Hoffnung*, der Goldwesten des Reiches.«[7]

Das sind Sätze aus der Autobiographie des Bergmanns und Kommunisten Hans Marchwitza, erschienen 1950 in der DDR. Der Text zeigt etwas von der emotionalen Geographie der Migration. Da ist zunächst das starke Bild vom Kap der Guten Hoffnung. Dieses Kap liegt manchmal da, wo man es vielleicht noch vor kurzem nicht vermutet hätte. Angeregt durch die Versprechungen eines »Agenten« beginnt die Reise schon vor ihrem eigentlichen Antritt in der Vorstellung des jungen Mannes. Wer sich auf den Weg macht, hat eine Heimat und zusätzlich noch ein »unbekanntes Hoffnungsland«, für das er seine Heimat aufgibt – die erst im Rückblick, dann, wenn er weggegangen ist, als die eigentliche, wehmütig erinnerte »Heimat« erscheint.[8]

Jedes Kap der Guten Hoffnung zieht die Fleißigen, Hungrigen und Wagemutigen aus großer Ferne an. Das gilt auch heute, aber es gibt Unterschiede. Bei Marchwitza ist die Migration nur eine »Fahrt« mit dem Zug zwischen zwei Orten. Das ist heute anders. Für eine wachsende Zahl von Migrantinnen verläuft die Reise in sehr viel komplizierteren Bahnen. Oft wird die Reise irgendwo in Syrien, Afghanistan, Somalia, Eritrea oder Bangladesch begonnen, ohne dass das Ziel klar ist. Es ist ein Mythos zu glauben, dass sämtliche Migranten, die in den vergangenen Jahren in Europa gelandet sind, von Anfang an dieses Ziel hatten. Einige wollten tatsächlich nach Europa, aber viele hofften, sie könnten in Libyen (zu Gaddafis Zeiten), im Sudan oder in Ägypten Geld verdienen und dann nach Hause zurückkehren, so wie es lange Zeit üblich war. Erst später stellte sich heraus, dass das ursprüngliche Ziel der Reise nur ein Zwischenstopp sein konnte. Oft wird die Reise auch mehrere Male begonnen, wieder abgebrochen und erneut unternommen. Zudem werden einzelne Abschnitte der Gesamtstrecke manchmal im Verborgenen zurückgelegt. Die amerikanische Anthropologin Susan Bibler Coutin nennt solche Routen »klandestin«: Sie sind verborgen und doch den Eingeweihten gut bekannt.[9]

Hinzu kommt, dass die Motive für die Migration heute weniger eindeutig sind als bei dem zitierten Bergmann aus Oberschlesien. Individuelle wirtschaftliche Motive verbinden sich vielfach mit der Sehnsucht nach Freunden und Verwandten in den Zielländern, der Angst vor physischer und sozialer Gewalt im eigenen Land und der Reaktion auf strukturelle Kräfte wie den Klimawandel oder andere Umweltveränderungen.

Die Reaktion der Staaten auf die Kräfte und Motive, die Menschen zur Migration bewegen, ist hilflos und kurzsichtig. Anstatt ihnen zu erlauben, sich Fahrkarten und Flugtickets zu kaufen, damit sie in ihr jeweiliges Hoffnungsland gelangen, werden die Grenzen geschlossen und Programme aufgelegt, die angeblich die Ursachen für Flucht und Migration in den Herkunftsländern bekämpfen sollen. Beides ist letztlich vergeblich.

Das beste Beispiel für die Vergeblichkeit einer Migrationskontrolle, die nur auf Zwang und Gewalt setzt, ist vielleicht die seit Jahrzehnten fortschreitende Militarisierung der Staatsgrenze zwischen Mexiko und den USA. Bis in die späten fünfziger Jahre des letzten Jahrhunderts war diese Grenze relativ offen. 50 000 Mexikaner pro Jahr durften sich legal und dauerhaft in den USA niederlassen. Zusätzlich erhielten jedes Jahr bis zu 450 000 überwiegend männliche Gastarbeiter ein befristetes

Aufenthaltsrecht. Danach wurden diese Obergrenzen immer weiter abgesenkt. Warum? Weil Politiker und Ideologen ohne vernünftigen Grund die Nachricht von einer »Krise« der Migration erfanden. Das ging so lange weiter, bis Teile der Bevölkerung es tatsächlich mit der Angst zu tun bekamen. Plötzlich galten Mexikaner als Menschen, die total »anders« waren als Amerikaner und von denen es »zu viele« gab. Je weniger kamen, desto mehr schien die Einwanderung einer »Invasion« zu gleichen. Ende der siebziger Jahre wurden nur noch 20 000 permanente Aufenthaltstitel pro Jahr ausgestellt, und befristet Beschäftigte durfte es offiziell überhaupt nicht mehr geben. Diese Maßnahmen änderten aber weder etwas am Arbeitskräftebedarf in den USA noch am Wunsch von Mexikanerinnen, nach Norden abzuwandern. Die Migration ging ungebrochen weiter, auch wenn sie jetzt »illegal« war.[10]

Die Migranten mussten ihr Verhalten der neuen Situation anpassen. Zunächst wurden die Dienste von Menschenschmugglern immer unentbehrlicher, komplexer und natürlich auch teurer. Dies wiederum löste eine Art Rüstungswettlauf zwischen der Grenzpolizei und den Schmugglern aus. Mehr und mehr Leute starben beim Versuch des Grenzübertritts. Andere wurden festgenommen und versuchten es erneut. Die Wahrscheinlichkeit, dass eine entschlossene migrationswillige Person es irgendwann schaffen würde, die Grenze in Richtung USA zu überschreiten, blieb trotz allem konstant hoch.[11]

Einmal in den USA angekommen, verzichteten die illegal Eingereisten darauf, gelegentlich in ihre alte Heimat zurückzufahren. In den siebziger Jahren kehrte noch über die Hälfte der legalen Einwanderer dauerhaft oder zeitweilig zurück. Für Illegale jedoch ist die Rückkehr viel zu riskant. Sie fahren nicht mehr nach Hause, sondern gehen in Deckung, wo sie sind, und versuchen, ihre Familie nachzuholen. Genau das ist passiert. Die Schließung der Grenze beendete die früher legale zirkuläre

Migration von Abertausenden von Mexikanern und schuf etwas Neues: die permanente illegale Präsenz einer stetig wachsenden mexikanischen Population in den USA. Insgesamt ist die Zahl der Personen in den USA, die keinen legalen Aufenthaltstitel haben, von drei Millionen im Jahr 1986 auf schätzungsweise elf oder zwölf Millionen heute gestiegen. Die Mehrheit von ihnen stammt aus Mexiko und anderen zentralamerikanischen Ländern.

Ist die Bekämpfung der Migrationsursachen eine Alternative zur Militarisierung der Grenzen? Auch hier habe ich Zweifel. Wenn wir einen Schritt zurücktreten und die globale Geschichte betrachten, stellen wir fest, dass die Migrationsbewegungen seit den neunziger Jahren des 20. Jahrhunderts nicht größer waren als frühere Wanderungen. In der Zeit von 1840 bis 1940 sind nicht nur 55 bis 58 Millionen Europäer nach Nord- und Südamerika ausgewandert. Im selben Zeitraum haben sich 48 bis 52 Millionen Inderinnen und Chinesen in Südostasien, an den Küsten des Indischen Ozeans und im Südpazifik niedergelassen, während sich beinahe ebenso viele Menschen aus dem Nordosten Asiens und aus Russland auf den Weg machten in die Mandschurei, nach Zentralasien oder Japan. Wenn wir diese Zahlen zum Bevölkerungswachstum in Beziehung setzen, leben wir heute keineswegs in einem noch nie dagewesenen Zeitalter der Massenmigration.[12]

Man stelle sich einmal vor, Politiker in den Zielländern all dieser früheren Wanderungsbewegungen hätten damals in New York oder Shanghai darüber beraten, wie sie die Ursachen dieser Wanderungen bekämpfen sollten, die Russinnen, Inder, Deutsche oder Italiener zum Aufbruch veranlassten. Hätten sie Hilfsprogramme aufstellen oder Plakate und später Filme zeigen sollen, die den Auswanderungswilligen deutlich gemacht hätten, dass Amerika und die großen Küstenstädte Chinas doch nicht so toll waren, wie sie glaubten? Das ist unrealistisch.

Die Menschen sind ausgewandert, trotz des oft grotesken Rassismus in den Ankunftsländern und obwohl sie wussten, dass sie ihr Leben neu erfinden mussten. Ihre Kinder, so hofften sie jedenfalls, würden es einmal besser haben als sie.

Heute ist das nicht anders. Die Armen fliehen aus Verzweiflung, wenn sie können, kommen aber oft nicht weit und bleiben auf der Strecke. Mit steigendem Wohlstand und steigender Bildung öffnet sich der Horizont mit der Folge, dass mehr Menschen sich in der Welt umsehen möchten. Studien belegen, dass erfolgreiche Entwicklungsanstrengungen in Ländern des globalen Südens oft nicht zu weniger, sondern zu mehr Auswanderung führen. Für einige Provinzen Somalias ist gezeigt worden, dass es nicht so sehr verarmte Arbeitslose sind, die sich mit der Hilfe von Menschenschmugglern aus dem Staub machen, sondern vor allem junge Menschen, die aus den Klassenräumen von neu errichteten höheren Schulen und Universitäten heraus in aussichtsreichere Länder abwandern. Das ist nicht verwunderlich: Erst dann, wenn man sozial aufsteigt, weitet sich der Blick auf größere Teile der Welt. Erst jetzt kann man sich ein besseres Leben woanders konkret vorstellen, internationale Kontakte anbahnen und etwas riskieren. Vielleicht reicht es ja irgendwann für eine mehr oder weniger klandestine Route in das gewünschte Hoffnungsland?[13]

Vollends vergeblich werden die Versuche, auswanderungswillige Menschen von ihren Plänen abzubringen, wenn ihre Selbstachtung davon abhängt, dass ihnen die Flucht gelingt. Im Senegal machen sich junge Bauern auf den Weg durch die Sahara nach Norden, obwohl sie wissen, dass sie sich in Lebensgefahr begeben, dass man sie unterwegs bespuckt und mit rassistischer Hetze auf sie wartet. Sie wissen, dass sie im Mittelmeer ertrinken können und sagen das auch. In Tambacounda, einer Stadt im Osten des Senegal, haben Sozialforscher Sätze gehört wie »Itali walla yegolu gommo to« – »Italien oder Futter für die Fische«. Der Grund für diesen Willen, alles zu riskieren, ist weniger die Armut als die radikale Hoffnungslosigkeit und das Gefühl, ohne Würde zu leben – als »Esel«, wie junge Männer in Interviews gesagt haben. Status und Anerkennung erlangen diejenigen, die es nach Europa (oder zumindest in die Türkei oder ein arabisches Land) schaffen und gelegentlich etwas Geld an ihre Familien zurückschicken. Auf dem Land, außerhalb von kleinen und großen Städten wie Tambacounda, Touba oder Dakar, ist dies die zentrale soziale Spaltung: Die einen haben Verwandte in Europa, die Geld überweisen, während die anderen niemanden haben.[14]

Solche Einblicke in die Motivlagen, die in Teilen Afrikas vorherrschen, illustrieren die Aussichtslosigkeit der bisherigen Ansätze europäischer Regierungen, Migrationsursachen wirksam zu bekämpfen.[15] Selbst die schockierenden Nachrichten über die vielen Menschen, die »Futter für die Fische« wurden oder in Lagern vegetieren, haben wenig Einfluss auf die Migrationsneigung junger Somalierinnen, Senegalesen und anderer. Und auch der Menschenschmuggel zum Beispiel von der Türkei in Richtung Bulgarien oder Griechenland geht, nach allem, was wir hören, in neuen Formen weiter.[16] Die Neigung der Menschen, dahin zu wandern, wo sie darauf hoffen dürfen, dass es ihnen besser geht, wirkt wie ein Gesetz der sozialen Schwerkraft. Besonders dann, wenn sie die Verhältnisse, unter denen sie zu Hause leiden, weder durch eigene Arbeit noch durch Protest verändern können.

Weil es diese soziale Schwerkraft gibt und Menschen – im doppelten Sinne des Wortes – sehr weit zu gehen bereit sind, um ein besseres Leben zu finden, kommen Beobachterinnen immer wieder zu der Erkenntnis, dass Migration nicht durch restriktive Einwanderungsgesetze oder Hilfsprogramme verhindert werden kann.[17] Nun ist dies aus meiner Sicht auch nicht weiter tragisch. Bereits 1898 bemerkten Beamte der amerikanischen Einwanderungsbehörde, dass die Gesetze, die den Zustrom chinesischer Migranten stoppen sollten, wenig Wirkung zeigten.[18] All die demonstrative Härte und der Hass auf Chinesen und andere Asiaten waren umsonst. Wer heute die nordamerikanische Westküste entlangfährt, merkt, dass in allen großen Städten die »Weißen« eine Minderheit sind. Asiatinnen und Latinos dominieren das Bild. Sind deshalb die Menschen in San Francisco oder Vancouver ärmer, unfreier oder unglücklicher als die im Erzgebirge oder in Kärnten?

Nicht anders in Europa: Die alten Ängste vor der »Polonisierung« Deutschlands oder der »Gelben Gefahr« wirken heute lächerlich. In hundert Jahren wird unseren Nachgeborenen die heute geschürte Angst vor einer »Islamisierung« oder »Afrikanisierung« Europas genauso albern und hysterisch vorkommen. Leider gilt in der Gegenwart trotzdem weiterhin, dass keine noch so kleine Minderheit sicher davor ist, zu einer Gefahr für die Zivilisation aufgeblasen zu werden.

## WAS MIT DER UTOPIE OFFENER GRENZEN NICHT GEMEINT IST

Aus der These der langfristigen Vergeblichkeit der Migrationskontrolle folgt, dass wir über Schritte nachdenken sollten, wie die Utopie offener Grenzen für alle verwirklicht werden kann. Die Utopie zielt auf neue Migrations- und Mobilitätsregeln, die im Einklang stehen mit fundamentalen menschlichen Bedürfnissen. Bevor ich zum Schluss einige Szenarien der Verwirklichung oder Vereitelung dieser Utopie skizziere, möchte ich drei große Missverständnisse ausräumen. So behaupte ich nicht, dass es neben der natürlichen Freiheit der Bewegung nicht auch andere schützenswerte Güter gibt; dass offene Grenzen ein Garant für globale Gerechtigkeit sind; und dass internationale Konflikte bei der Verwirklichung der Utopie ignoriert werden können.

1. *Offene Grenzen und andere schützenswerte Güter.* Offene Grenzen sind kein *höchstes* Gut, dem andere Güter geopfert werden sollen. Es wäre ein Missverständnis zu glauben, dass die Verteidigung offener Grenzen keine anderen Güter kennt, die ebenfalls geschützt zu werden verdienen. Ein Standardargument gegen offene Grenzen lautet, dass sie solche anderen Güter gefährden, etwa die Demokratie oder den sozialen Zusammenhalt. In dieser Allgemeinheit ist das Argument offenkundig unhaltbar. Die offenen Grenzen, die Deutschland mit allen seinen Nachbarländern verbinden, wirken sich bekanntlich nicht negativ auf Demokratie und Zusammenhalt aus. Trotzdem kann man sich eine Welt *vorstellen*, in der offene Grenzen andere Güter gefährden. Tatsächlich üben sich sowohl die kommunitaristische Philosophie als auch die neurechte politische Migrationskritik in der Kunst, solche Gefahrenszenarien zu entwickeln und als realistisch auszugeben. Was ist, wird etwa gefragt, wenn sich ganz Afrika auf den Weg nach Europa macht? Oder halb Europa in die kleine Schweiz umziehen will? Oder Feinde der Demokratie millionenfach einwandern? Diese Fragen so zu stellen, heißt, die Antwort gleich mitzuliefern.
   Man müsste erst einmal belegen, dass derlei Annahmen realistisch sind. Aus der Geschichte der EU-Erweiterungen nach Süden und Osten wissen wir jedenfalls, dass damals ebenfalls behauptet wurde, ganz Spanien und ganz Rumänien würden sich auf den Weg nach Norden und Westen machen. Das ist nicht passiert. Aber selbst wenn nach gewissen Kriterien »zu viele« kommen mögen oder Menschen einwandern, die Schaden anrichten, ist die Schließung der Grenzen kein fraglos geeignetes Mittel, um die Situation

zu verbessern. Ein Beispiel soll das verdeutlichen: Ein großer Teil der Einbrüche – nicht die Mehrheit – in deutschen Städten geht nachweislich auf das Konto von Banden aus osteuropäischen Mitgliedsstaaten der Europäischen Union. Soll man deswegen die Grenzen wieder schließen und die Osterweiterung rückgängig machen? Grenzschließungen sind normalerweise ein außerordentlich grobes und unfaires Mittel, um einen Schaden abzuwenden. Noch ein Beispiel: Es gibt seit Jahren eine massive Zuwanderung von Menschen aus Kalifornien in den konservativen US-Bundesstaat Idaho, wo es auch schön ist und vor allem billiger. Allerdings treibt diese Binnenmigration die Immobilienpreise in Idaho in die Höhe, verändert die politische Landschaft und führt zu allerhand kulturellen Verwerfungen und Überfremdungsängsten. Sollte man deshalb, wie Lokalpolitiker allen Ernstes gefordert haben, für 26 Milliarden Dollar eine Mauer um Idaho bauen, um die drohende »Kalifornisierung« zu stoppen?[19]

2. *Offene Grenzen und globale Gerechtigkeit.* Offene Grenzen sind kein *allumfassendes* Gut, das alle anderen sonst noch erstrebenswerten Güter in sich enthält. Man sollte nicht denken, dass eine Politik der Grenzöffnung auf einen Schlag alle Probleme der Weltgemeinschaft löst. Niemand ist so naiv. Gerade der Zusammenhang zwischen offenen Grenzen und der Sicherstellung einer größeren Verteilungsgerechtigkeit zwischen armen und reichen Ländern ist kompliziert. Für Europa kann man allerdings zeigen, dass sich die Lebensverhältnisse in den EU-Mitgliedsländern während der vergangenen Jahrzehnte immer mehr angeglichen haben. So sind die Durchschnittseinkommen in Spanien und Portugal seit dem Beitritt der beiden Länder 1986 denen reicherer Mitgliedsstaaten näher gekommen. Einer der Gründe für diesen

Erfolg liegt in der Bewegungs- und Niederlassungsfreiheit innerhalb Europas für Unionsbürgerinnen.
Menschen, die in ein reicheres Land abwandern, verbessern durch den Ortswechsel in der Regel ihre wirtschaftliche Lage. Das heißt jedoch nicht, dass auch ihre Herkunftsländer automatisch etwas davon haben. Seit langer Zeit gelingt es vielen Familien der höheren Mittelklasse in Indien, wenigstens einen ihrer Söhne ins Ausland zu schicken, um dort zum Beispiel als Softwareentwickler zu arbeiten. Bloß: Von den Überweisungen nach Hause profitiert allein die Familie des Sprösslings, keineswegs das Land als solches oder gar die Armen. Aus solchen Befunden ergibt sich aber kein Argument gegen offenere Grenzen, sondern allenfalls ein Argument gegen das globale Regime offener Grenzen für nur wenige.

3. *Offene Grenzen und internationale Konflikte.* Offene Grenzen sind kein *freistehendes* Gut, das unabhängig von bestimmten politischen und sozialen Voraussetzungen verwirklicht oder geschützt werden kann. Vor allem ist die Verteidigung offener Grenzen weit davon entfernt, die Realität internationaler Konflikte auszuklammern. Die Utopie richtet sich gegen den Fetisch der Nation, nicht aber gegen die Existenz und die Unabhängigkeit von Staaten. Staaten jedoch befinden sich in sehr unterschiedlichen machtpolitischen Situationen. Um ihre Bevölkerung zu schützen, sind sie daher berechtigt, den Zugang zum eigenen Territorium einzuschränken, sofern dies ein geeignetes Mittel ist, um reale Gefahren abzuwehren. Die Grenze zwischen Israel und dem Libanon wird später und in anderer Weise geöffnet werden als die Grenzen zwischen Polen und Belarus, Südafrika und Mosambik oder der Türkei und der Europäischen Union. Die Utopie offener Grenzen kann nicht unabhängig von Raum und Zeit ver-

wirklicht werden. Kontexte sind entscheidend: aktuelle Bedrohungslagen, historische Traumata, wechselseitige Wahrnehmungen.

Das bedeutet, dass zum Beispiel Visaliberalisierungen in Aussicht gestellt, aber auch verweigert werden dürfen, wenn sich ein Staat feindselig gegenüber einem anderen Staat oder Teilen seiner Bevölkerung verhält. Anders ist die Lage, wenn Staaten wie die DDR oder Syrien kollabieren, die Grenzen sich ein Stück weit öffnen und dann die eingeschlossene Bevölkerung diese Grenzen überrennt und kurzzeitig außer Kraft setzt. Das aber sind historische Ausnahmesituationen. Intakte Staaten haben kein Recht, andere Staaten zur Öffnung ihrer Grenzen zu zwingen oder ein Recht auf Einwanderung zu reklamieren. Vielmehr setzen offene Grenzen freundliche Beziehungen zwischen den Staaten voraus.

Insbesondere für ehemals unterworfene Staaten und Bevölkerungen ist das wichtig. Andrew Bridgen, ein konservativer Abgeordneter des britischen Unterhauses, fiel in der Hitze der Brexit-Debatte mit dem Kommentar auf, dass jeder Engländer ein Recht auf einen irischen Pass hätte. Seine Überlegung war, dass der Austritt Großbritanniens aus der EU und damit der Verlust der Unionsbürgerschaft kein Problem darstelle, weil man sich das Recht auf Bewegungs- und Niederlassungsfreiheit innerhalb Europas buchstäblich durch die Hintertür der ehemals unterjochten Nachbarinsel zurückholen könne. Das Entsetzen über diesen Anflug neokolonialer Arroganz war nicht nur in der Republik Irland groß.[20]

Daraus lernen wir, dass die Utopie offener Grenzen mit der Existenz unabhängiger Staaten versöhnt werden muss.

## DREI SZENARIEN

Das Eingangsmotto von Umberto Eco ist eher ein Credo als eine wissenschaftliche Vorhersage. Es beschreibt eine mächtige historische Tendenz, keinen Automatismus. Auf dem Weg zu einer offenen Gesellschaft mit offenen Grenzen kann vieles schiefgehen. Europa und auch andere Erdteile befinden sich in einer kritischen Übergangsphase, in der an zahlreichen Orten über die Konturen einer neuen, wahrscheinlichen oder wünschenswerten Migrationsordnung diskutiert wird. Zwei jüngere Ereignisse, die anhaltende Flüchtlingsbewegung in Richtung Europa und die Coronapandemie, haben gezeigt, wie schnell scheinbar festgefügte Institutionen ins Schwimmen geraten können. Das kann Angst machen, gibt aber auch Anlass zur Hoffnung.

Die Flüchtlingsbewegung von 2015 war bereits ein erstaunliches Phänomen, aber noch bemerkenswerter ist, dass sie keineswegs nur Abwehrreaktionen hervorgerufen hat. Im Durchschnitt der gesamten EU ist die Zustimmung zu verstärkter Einwanderung aus Nicht-EU-Staaten sogar leicht gestiegen. In Großbritannien, Portugal und Irland ist sie deutlich gestiegen, in den Niederlanden oder Schweden ist sie nahezu unverändert hoch. Die Flüchtlingsbewegung hat sich demnach entgegen einer weit verbreiteten Annahme überhaupt nicht negativ auf die Haltung der einheimischen Bevölkerung zur Einwanderungsgesellschaft ausgewirkt. Da, wo der Anteil von Migrantinnen und ihren Nachkommen an der Bevölkerung hoch ist, ist die Zustimmung zu weiterer Einwanderung ebenfalls hoch und die Gewalt gegen Migranten selten.[21]

Das andere erstaunliche Phänomen, das uns zu denken geben sollte, ist die zumindest vorübergehende Veränderung einiger Grenzregimes durch die globale Ausbreitung von Covid-19. Der abgewählte US-amerikanische Präsident Trump bezeichnete vor dem Ausbruch der Pandemie Haiti, El Salvador und afrikanische Länder als »Drecksländer«, deren Einwohnerinnen in seinem sauberen Amerika nichts zu suchen hätten. Stattdessen wünschte er sich mehr Migration aus »Norwegen«. Das reale Norwegen beschloss nach der Lockerung des Corona-Lockdowns im Sommer 2020, die Grenzen für Einreisende aus Algerien, Marokko und Ruanda wieder zu öffnen, nicht jedoch für US-Amerikaner. Ähnliches geschah in Italien. Eine Gruppe von Amerikanern, die von Colorado aus in einem Privatjet nach Europa geflogen und auf Sardinien gelandet war, wurde gleich wieder weggeschickt. Mexiko verhängte Einreisebeschränkungen für US-Bürgerinnen. Kanada belegte Besucherinnen aus dem südlichen Nachbarland, die sich nicht an die Maßnahmen zum Seuchenschutz hielten, mit hohen Geldstrafen. Es schien, als würde rings um die Vereinigten Staaten herum eine unsichtbare Mauer entstehen. Ein Kommentator in London fand es »schockierend«, dass der US-amerikanische Pass so rasch sein Prestige einbüßte und plötzlich nicht mehr als globaler Türöffner funktionierte. Andere sahen darin einen Ausdruck poetischer Gerechtigkeit.[22]

Die Weltordnung wird auch nur von Menschen gemacht, und zwar jeden Tag aufs Neue. In den dreißiger Jahren des 19. Jahrhunderts waren es schon einmal eine Seuche, nämlich die Cholera, und die entsprechenden Quarantänegesetze, die zu neuen Formen der Migrationskontrolle führten. Wer weiß, was die Coronapandemie oder kommende Seuchen noch bewirken werden. Jedenfalls lohnt es sich, angesichts einer offenen Zukunft über unterschiedliche Szenarien für die Migrationsgesellschaft von morgen nachzudenken.

Drei solcher Szenarien stelle ich abschließend zur Diskussion. Viele der Vorstellungen der neuen Rechten in Europa und in den USA, die ich weiter oben diskutiert habe, laufen auf die ersehnte Errichtung einer Herrenvolk-Demokratie hinaus, in der angeblich Alteingesessene nach Gutdünken mit Neuankömmlingen umspringen können, wie sie wollen, und Grenzen beliebig schließen dürfen. Ein zweites Szenario sieht vor, Entscheidungen über die Öffnung und Schließung von Grenzen zunehmend auf gemeinwohlorientierte internationale Organisationen zu übertragen. Das ist zwar besser als die Ermächtigung von Herrenvölkern, aber auch nicht wirklich attraktiv, weil sowohl Staaten als auch Individuen ihre Autonomie verlieren würden. Erstrebenswert ist nur ein drittes Szenario, das ich »postkoloniale Kooperation« nenne. Schauen wir etwas genauer auf diese drei möglichen Zukunftsbilder.

1. *Herrenvolk-Demokratie.* Ebenso real und tief verankert wie die Wanderbereitschaft der Menschen ist ihre Neigung, die eigene Gruppe von anderen abzugrenzen und diese Grenzziehung durch die Einführung eines »Wertunterschieds«, wie Hobbes es nannte, zu zementieren. Auch Staatsgrenzen können einen solchen Wertunterschied symbolisieren. Noch für Thomas Mann oder Max Weber war die Grenze zwischen Deutschland und Frankreich eine Schwelle zwischen unvereinbaren Kulturen oder, genauer, zwischen »Kultur« und bloßer »Zivilisation«. Heute ist die viel beschworene Sicherung der Außengrenzen der EU ein Mittel, um das Überlegenheitsgefühl gegenüber denen zu festigen, die draußen bleiben sollen.

   Ein verstärkter Grenzschutz macht aus Europa und seinen Mitgliedstaaten zum Glück noch keine Herrenvolk-Demokratie. Um diesen Namen zu verdienen, müssen mehrere Dinge hinzukommen. Herrenvolk-Demokratien kann man daran erkennen, (a) dass sie innerhalb der Grenzen des Staates ein ethnisch definiertes »Volk« hervorheben und systematisch gegenüber den übrigen Einwohnerinnen privilegieren, etwa durch ein restriktives Staatsbürgerschafts- und Aufenthaltsrecht; (b) dass sie Einwanderung möglichst weitgehend unterbinden wollen und einwanderungswillige Personen danach sortieren, ob sie ethnisch, religiös oder kulturell zur eigenen Bevölkerung passen; und (c) dass sie die Aufnahme von Flüchtlingen kategorisch ablehnen oder die Anerkennungsquote in die Nähe von null drücken. Herrenvolk-Demokratien bauen alle diese Merkmale aus, ohne das formale Gerüst der demokratischen Institutionen vollständig einzureißen.

Tendenzen, die in die Richtung einer Herrenvolk-Demokratie weisen, kann man überall beobachten. In manchen europäischen Ländern wird darüber nachgedacht, Asylbewerberinnen für unbestimmte Zeit auf fernen Inseln festzuhalten oder die Nähe zum eigenen »Kulturkreis« zu einem Kriterium der Einwanderungspolitik zu erheben. Ungarn betreibt so etwas wie eine Artenschutzpolitik für das eigene Volk, indem es nicht nur jegliche außereuropäische Einwanderung abwehrt, sondern auch großzügige Gebärprämien für ungarische Mütter in Aussicht stellt, sofern sie wirklich Ungarinnen und nicht lesbisch sind. Das Land gibt fünf Prozent seines Bruttosozialprodukts für finanzielle Anreize zum Kinderkriegen aus. Familien mit vier Kindern sind von der Einkommensteuer befreit. Geplant ist, dass die Steuerbefreiung schon bei drei Kindern einsetzen soll.[23]

Militante Einwanderungsgegner nennen Ungarn gelegentlich ein Vorbild. Allerdings liegt der osteuropäische Mitgliedsstaat in der Hierarchie der EU-Länder am unteren Ende der Nahrungskette. Seine Bevölkerungspolitik könnte sich das Land nicht leisten ohne umfangreiche Subventionen aus dem EU-Haushalt. Erwirtschaftet werden diese Subventionen in Staaten, die sehr wohl Migration zulassen und begrüßen. Tatsächlich ist es so, dass jede Migrantin und jeder Geflüchtete, der in einem Mitgliedsstaat der Europäischen Union arbeitet und Steuern zahlt, das ungarische Experiment eines demokratischen Faschismus mitfinanziert. Mehr noch als Ungarn, ein im Kern schwacher und abhängiger Staat, werden die USA seit der Präsidentschaft von Donald Trump als ein attraktives Vorbild für die Errichtung einer hierarchischen Herrenvolk-Demokratie gehandelt. Beatrix von Storch, die stellvertretende Bundessprecherin der AfD, wurde schon mit einer Kappe gesehen, auf der in Anlehnung an das alte Trump-Motto stand: »Make Germany Safe Again«. Die Politikerin hat in einem Interview interessanterweise noch ein weiteres Land genannt, das sie als »ein Vorbild für Deutschland« bezeichnete, nämlich: Israel.[24]

**2.** *Globales Bevölkerungsmanagement.* Wenn von Migration und Grenzen die Rede ist, werden oft hydraulische Bilder verwendet. Wir hören von Flüchtlingswellen oder von Grenzen, die wie Schleusen geöffnet oder geschlossen werden. Fast ebenso alt wie der Ruf nach »Dämmen« gegen die »Menschenfluten«, die in das Land eindringen, ist allerdings auch der Ruf nach frei fließenden Flüssen und dem Abbau von Migrationshindernissen. Das kann man sich so vorstellen wie die heute viel diskutierte Renaturierung von Flüssen in Kulturlandschaften. Durch die Beseitigung von Querbauwerken und die Erweiterung von Durchlässen wird die Wanderung von Fischen und anderen Wasserlebewesen erleichtert. Frühe Verteidiger offener Grenzen haben tatsächlich solche oder ähnliche naturalistische Vergleiche gewählt, um für offene Grenzen zu werben, etwa der indische Wirtschaftswissenschaftler und Soziologe Radhakamal Mukerjee.

Mukerjee war ein einflussreicher und vielseitiger antikolonialer Intellektueller, der in der Zeit zwischen den Weltkriegen die zunehmend restriktive Einwanderungspolitik

Australiens, Kanadas und der USA scharf kritisierte und dabei besonders den antiasiatischen Rassismus des angeblich aufgeklärten Westens im Blick hatte. Der Bevölkerung in übermäßig dicht besiedelten Ländern müsse es erlaubt sein, so seine These, in weniger übervölkerte Länder gleichsam abzufließen. Die rassistisch motivierte Schließung der Grenzen für Menschen aus Asien war aus dieser Sicht ein irrationaler, geradezu widernatürlicher Eingriff in die Naturgesetze menschlicher Mobilität.[25]

Dennoch war Mukerjee zwar für offene Grenzen, aber nicht dafür, die Entscheidung über das Ob und Wohin von Migration den Migranten selbst zu überlassen. Vielmehr teilte er die Überzeugung vieler Zeitgenossen, dass die gesellschaftliche Zukunft der Welt planbar sei und in die Hände globaler Manager gelegt werden müsse. Wenn Länder zu »voll« seien, sollten sie angehalten werden, einen Teil ihrer Bevölkerung an vergleichsweise »leere« Länder abzugeben, um ein demographisches Gleichgewicht und eine optimale gegenseitige Anpassung von Mensch und Umwelt herzustellen. Diese Vision eines internationalen Bevölkerungsmanagements war zwar antikolonial und antirassistisch, aber leider auch technokratisch und schwer vereinbar mit individuellen Freiheitsrechten. Andere Stimmen, die den rassistischen Common Sense der Zwischenkriegszeit herausforderten, vertraten nicht ein Planungs-, sondern ein Marktmodell der entgrenzten Migration, das sich am Ideal des Freihandels orientierte. Gemeinsam war all diesen gescheiterten Projekten ein Kosmopolitismus »von oben«, dass sie sich also nicht um die Frage kümmerten, wie offenere Grenzen in einer Welt unabhängiger Staaten verwirklicht werden können.[26]

**3.** *Postkoloniale Kooperation.* Antikoloniale Intellektuelle wie Mukerjee haben früh erkannt, dass sich die immer engere

Verwobenheit der Welt nicht gut verträgt mit Grenzen, die für migrationswillige Personen geschlossen bleiben. Tatsächlich sind die Maßnahmen, die Staaten in der jüngeren Vergangenheit ergriffen haben, um Migrantinnen auf ihrem Weg auszubremsen, oft wirkungslos, weil sie allein auf Zwang und Gewalt setzen oder nur Symptome behandeln. Viele Milliarden werden im globalen Süden für vorgelagerten Grenzschutz ausgegeben, ohne dass klar ist, wohin genau dieses Geld fließt.[27] Es ist an der Zeit, neue Wege ausfindig zu machen.

Am Anfang muss dabei ein einfacher Satz stehen: Die Politik darf sich nicht zum Gefangenen der migrationsfeindlichen Einstellungen machen, die in Teilen der Bevölkerung vorherrschen. Da die Zustimmung zu weiterer Migration da am größten ist, wo der Anteil von Migrantinnen an der Bevölkerung bereits hoch ist, und der Fremdenhass vor allem da grassiert, wo es kaum Ausländer gibt, trägt eine kluge Politik der Grenzöffnung langfristig auch zur Bewältigung des Rassismusproblems bei. Schon gegen Ende des 19. Jahrhunderts vertraten Politiker in Kalifornien den Irrglauben, dass man das Rassenvorurteil gegen Chinesen am besten dadurch bekämpft, dass man keine mehr ins Land lässt. Tatsächlich verlief die Entwicklung genau andersherum. Erst mit der massiven Ausweitung und Normalisierung der chinesischen Einwanderung verlor allmählich auch das antichinesische Ressentiment seinen politischen Stachel.[28] Nur eine vielfältige Gesellschaft schützt vor Rassismus.

In Europa kommt noch etwas anderes hinzu. Die Utopie offener Grenzen nimmt ihren Ausgangspunkt von einer teilweisen Wiederherstellung älterer Zustände. Sizilien ist bis heute geprägt von einer langen Geschichte der Migration zwischen der Insel und dem gegenüberliegenden Tunesien – eine Geschichte, die Europa längst vergessen hat. Aber auch die Grenzen Frankreichs waren für Reisende aus Ländern wie Mali, der Elfenbeinküste oder dem Senegal auch noch viele Jahre nach ihrer Unabhängigkeit offen. Zehntausende Senegalesen arbeiteten allein in der französischen Automobilindustrie. Bis in die achtziger Jahre konnten sie noch relativ einfach und legal nach Frankreich einreisen.[29] Erst nach der Verabschiedung des Schengener Abkommens wurde eine Visumspflicht für sie und andere ehemalige Kolonien eingeführt. Schengen wirkte wie ein großer »Weißmacher« Europas. Die Mitgliedsstaaten des Abkommens tauschten die Herstellung der Personenfreizügigkeit innerhalb Europas gegen die Abschaffung der Personenfreizügigkeit, die bis dahin, zumindest in Ansätzen, zwischen den ehemaligen Kolonialmächten und den inzwischen unabhängigen Kolonien herrschte. Vor allem in Portugal gab es erheblichen Widerstand gegen diesen Tausch, der im Widerspruch stand zur eigenen Verfassung, in der die Rede ist von den »besonderen Beziehungen der Freundschaft und Zusammenarbeit zu den Ländern portugiesischer Sprache« – und dazu gehören eben auch afrikanische Staaten wie Mosambik, Angola oder Kap Verde.

Heute gilt das Mittelmeer ganz selbstverständlich als eine Grenze zwischen getrennten, in sich ruhenden »Kontinenten«. Aber noch in der Anfangsphase der europäischen Einigung, gleich nach dem Zweiten Weltkrieg, als Frankreich noch nicht an das endgültige Ende des Kolonialismus glauben wollte, war das eine alles andere als selbstverständliche Vorstellung. Stattdessen schwärmten viele von »Eurafrika« als einer Einheit, die auch das formale Ende des Kolonialismus überleben würde. So sah der spätere Staatspräsident François Mitterand in den fünfziger Jahren das Mittelmeer nicht als eine Grenze zwischen Kontinenten, sondern als ein verbindendes Medium – das Meer war für ihn ein »heller blauer See im Herzen Eurafrikas«.[30] Dasselbe galt für die Sahara, die zur selben Zeit wegen ihrer Bodenschätze – Erdöl und Erdgas, Kohle und Gold, Eisen und Uran – mit dem deutschen Ruhrgebiet verglichen wurde.[31] Unter dem heißen Sand der Wüste vermutete man ein noch unbekanntes Hoffnungsland, das dem Hoffnungsland an Rhein und Ruhr ähnelte, in das es einst den von mir zitierten jungen Bergmann Hans Marchwitza zog.

Das Wachrufen der Erinnerung an legale Migrationsrouten aus dem globalen Süden nach Norden gehört zur Praxis der Utopie offener Grenzen. Es ist wichtig, sich daran zu erinnern, dass viele dieser Routen historisch gesehen erst vor kurzem gekappt wurden und dass das europäische Projekt einen nicht zu unterschätzenden Anteil daran hatte. Ein neuer Kosmopolitismus »von innen« wird dazu beitragen, die hochgezogenen Brücken der Festung Europa wieder hinunterzulassen. Aber auch außereuropäische Staaten und Gesellschaften werden zunehmend darauf drängen, an Entscheidungen über Fragen einer künftigen globalen Mobilitätsordnung beteiligt zu werden. In den Verhandlungen über ein Freihandelsabkommen mit Großbritannien nach dem Brexit hat Indien bereits auf Visaerleichterungen bestanden. »Inder statt Polen« – so wird womöglich das Spiel für das Königreich ausgehen, das doch unbedingt weniger Einwanderung wollte. Zur Utopie offener Grenzen gehört auch, dass bei der Entwicklung neuer Mobilitätsprogramme für Arbeitskräfte, Selbstständige oder Studierende aus dem globalen Süden nicht allein die Aufnahmestaaten bestimmen, sondern Außenstehende ebenfalls mitwirken.[32]

Das gegenwärtige weltweite Mobilitätsregime gleicht einer Straßenverkehrsordnung, in der die Ampeln für die meisten immer auf Rot stehen und für einige wenige immer auf Grün, während eine wachsende Zahl gestrandeter Migrantinnen für unbestimmte Zeit auf eine gelbe Ampel starrt, die nicht umspringen will. Dagegen habe ich für offenere Grenzen plädiert und für mehr Bewegungsfreiheit für alle, für mehr Grün im globalen Ampelsystem.

Gegen diese demütige Utopie werden sich Stimmen zu Wort melden und ein Bild des heraufziehenden Chaos beschwören. Mehr Mobilitätsrechte für alle bedeuten für sie verstopfte Migrationsrouten, überlaufene Migrationsziele, mehr Konflikte und Unfallopfer. Aber in Wirklichkeit herrschen doch heute Chaos und Willkür: Immer mehr Menschen ignorieren die roten Ampeln der Migrationskontrolle, indem sie Schmuggler für verbotene Lotsendienste bezahlen. Viele kommen zu Tode. Das Ansehen Europas in der Welt wird beschädigt.[33] Nicht messbar ist die endlose Serie von Demütigungen, die Antragstellerinnen auf ein Visum für Europa oder die USA erdulden müssen, wenn sie aus einem afrikanischen oder einem anderen missachteten Land kommen. Europäische Kulturinstitute können davon berichten, wie viele Künstler nicht auf der Bühne erscheinen konnten, weil ihre Visaanträge nicht bearbeitet oder abgelehnt wurden. Menschen ohne Kontakte machen sich erst gar nicht auf den Weg zu einem Konsulat und bezahlen lieber gleich Schmuggler. In Somalia ist das Erlangen eines westlichen Passes inzwischen selbst ein Ziel, das junge Menschen zur Flucht nach Europa bewegt.[34]

Wird sich »ganz Afrika« auf die Beine machen, wenn man die Visavergabe und das Aufenthaltsrecht liberalisiert? Die geschilderten historischen Erfahrungen mit dem visafreien Reiseverkehr zwischen Frankreich und seinen ehemaligen Kolonien oder den früheren großzügigen Gastarbeiter- und Einwanderungsprogrammen für Mexikaner in den USA sprechen nicht dafür. Wir wissen heute, dass beispielsweise Nigerianer, die in Europa erfolgreich waren und eigentlich bleiben dürften, immer auch an eine Rückkehr in ihre Heimat denken. Eine neue globale Mobilitätsordnung würde das unaufhörliche »Hin-und-Her der Menschheit«, von dem schon Seneca sprach, wieder zur Normalität werden lassen.[35]

Die offene Gesellschaft wäre dann mehr als nur eine Phrase, nämlich Wirklichkeit. Das sollte uns das Leben der anderen wert sein.

# Danksagung

Das Buch wurde in coronastiller Zeit bei vorübergehend geschlossenen Grenzen und Büros geschrieben. Dennoch ist es nicht in Isolation entstanden. Ich danke meinen Kolleginnen Nina Verheyen und Ines Barner am Kulturwissenschaftlichen Institut Essen (KWI) für großartige Diskussionen über das Genre wissenschaftsnaher Sachbücher. Bedanken möchte ich mich auch bei den Mitarbeiterinnen des Verlags Hoffmann und Campe für die sorgfältige Betreuung sowie bei Tim Jung und Erik Riemenschneider für ihr Engagement. Besonderen Dank verdienen mein Lektor Laurenz Bolliger und meine Agentin Nina Sillem. Ohne die Sympathie, Verlässlichkeit und Aufmerksamkeit dieser beiden wäre das Buch nicht fertig geworden.

Für Anregungen und Hinweise möchte ich außerdem einer ganzen Reihe weiterer Personen danken, auch wenn bestimmt nicht alle mit meinen Thesen einverstanden sind: Arash Abizadeh, Jeffrey Alexander, Joseph T. Anderson, Galya Ben-Arieh, Burak Çopur, Jeanette Ehrmann, Aladin El-Mafaalani, Ron Eyerman, Tamirace Fakhoury, Papa Faye, Michael Flitner, Achim Goerres, Ina Kerner, Eleonore Kofman, Hannes Krämer, Victoria Kumar, Almut Küppers, Loren B. Landau, Stefania Maffeis, Thomas Mandl, Mechtild Manus, Sayed Mahdi Mosawi, Egemen Özbek, Stephan Scheel, Judit Takács, Carlo Tognato, Vassilis Tsianos, Darshan Vigneswaran und Anja Weiß.

An meiner Universität danke ich den Kolleginnen eines Horizon-2020-Forschungsprojekts der Europäischen Union zu Normen und Werten in der europäischen Migrationskrise, besonders Andreas Niederberger, Johanna Gördemann und Therese Herrmann sowie Christine Unrau am Käte Hamburger Kolleg in Duisburg. Viel gelernt über den Wert offener Grenzen habe ich auch von Xaali Dubad Cabdi und ihren Kindern Abdi und Nimo, die vor Jahren als Flüchtlinge aus Somalia nach Deutschland kamen. *Mahadsanid*!

Sehr dankbar bin ich nicht zuletzt meinem Frankfurter Freund und Kollegen Ferdinand Sutterlüty, der mich im Herbst 2020 als Stipendiat des Forschungsschwerpunkts »Religiöse Positionierung« im Rahmen des LOEWE-Programms des Hessischen Ministeriums für Wissenschaft und Kunst ans Forschungskolleg Humanwissenschaften in Bad Homburg eingeladen hat, wo ich das Manuskript unter traumhaften Bedingungen fertigstellen konnte.

Volker Michael Heins, im Dezember 2020

# ANHANG

# Nachweise

## EINLEITUNG

1 Vgl. Weiß, *Soziologie Globaler Ungleichheiten*, sowie: Carens, *The Ethics of Immigration*; Cassee, *Globale Bewegungsfreiheit*; Brezger, *Internationale Freizügigkeit als Menschenrecht*; Lessenich, *Neben uns die Sintflut*.

2 Vgl. Global Passport Power Rank; https://www.passportindex.org/byRank.php

3 Mbembe, »Les Africains doivent se purger du désir d'Europe«. Hier und im Folgenden stammen alle Übersetzungen von Zitaten, die nicht bereits in deutscher Übersetzung vorliegen, vom Verfasser.

4 Vgl. z. B. Migration Data Portal, »Todesfälle und Verschwinden von Migrantinnen und Migranten«; Cuttitta und Last, *Border Deaths*.

5 Vgl. Markusoff, »The new underground railroad«.

6 Vgl. Stevis-Gridneff u. a., »›We Are Like Animals‹«; Boffey, »Migrants detained in Libya for profit, leaked EU report reveals«; Orringer, »Why Detention Centers Remind Us of One of the Worst Periods in History«; Joyce, »The Threat of International Adoption for Migrant Children Separated from Their Families«.

7 Vgl. Fontana, *Europa im Spiegel*, S. 124.

8 Ataman, »Dagegen sein reicht nicht«.

9 Mill, *Betrachtungen über die Repräsentativregierung*, S. 107.

## KAPITEL 1

1 Coetzee, *Warten auf die Barbaren*, S. 258.
2 Zit. in: Hennessy-Fiske, »El Paso shooting victims' families and friends fear for their own safety«.
3 FAZ, »Fast 1000 Angriffe auf Muslime und Moscheen«.
4 Klonovsky, »20. Februar 2020«.
5 Zit. in: Bréville, »Out of Africa«.
6 Vgl. Musil, *Der Mann ohne Eigenschaften*, S. 47.
7 Vgl. Süssmuth-Kommission, *Zuwanderung gestalten, Integration fördern.*
8 Vgl. Hecking, »Kohl wollte offenbar jeden zweiten Türken loswerden«.
9 Vgl. Vigneswaran, »Europe Has Never Been Modern«.
10 Vgl. Bashford, *Global Population*, Kap. 4.
11 Buchowski, »Making Anthropology Matter in the Heyday of Islamophobia and the ›Refugee Crisis‹«, S. 53.
12 Vgl. Hopgood, *The Endtimes of Human Rights.*
13 Seneca, *Ad Helviam matrem de consolatione*, S. 39, 45.
14 Vgl. Filser, »In den Knochen der Römer«.
15 Seneca, *Ad Helviam matrem de consolatione*, S. 45.
16 Vgl. Popitz, *Phänomene der Macht*, S. 102.
17 Vgl. dazu den kurzen Dokumentarfilm von Luis Gutiérrez Arias und John Henry Theisen »It's Going to Be Beautiful«, zu sehen unter: https://www.theatlantic.com/video/index/605923/border-wall-design/
18 Vgl. Shear und Davis, »Shoot Migrants' Legs, Build Alligator Moat«.
19 Vgl. Vallet und Conea, »A walled border is a violent border«.
20 Zit. in: Greenhouse, »Court Is Asked to Back Haitians' Return«.
21 Vgl. Rame, »Salvini, notte al Cara di Mineo: ›Supermarket di carne umana‹«.
22 Zit. in: Die Zeit, »FDP-Chef Lindner löst Rassismus-Debatte aus«.

23 Vgl. Die Welt, »Seehofer nach Chemnitz: ›Mutter aller Probleme ist die Migration‹«.

## KAPITEL 2

1 Bei Dao, *Notizen vom Sonnenstaat*, S. 39.
2 Hobbes, *Leviathan*, Einleitung, S. 5.
3 Vgl. Garau, »Springs, Nitre, and Conatus«; Spragens, *The Politics of Motion*.
4 Hobbes, *Leviathan*, I/11, S. 75.
5 Hobbes, *De cive/Vom Bürger*, Kap. 9, S. 319, 321.
6 Schiller, »(Kallias oder über die Schönheit) Briefe an Gottfried Körner«, S. 425. Hervorhebung im Original.
7 Vgl. Kotef, *Movement and the Ordering of Freedom*, S. 74 f. Kotef stützt sich an dieser Stelle auf pädagogische Schriften von John Locke.
8 Hobbes, *Leviathan*, II/21, S. 171.
9 Kasparek, »Routes, Corridors, and Spaces of Exception«.
10 Rousseau, *Abhandlung über den Ursprung und die Grundlagen der Ungleichheit unter den Menschen*, S. 52.
11 Zit. in: Stoklásková, »Fremdsein in Böhmen und Mähren«, S. 654.
12 Vgl. Meier, *Geschichte der Völkerwanderung*, S. 99 f.
13 Vitoria, »De Indis / Über die Indianer«, S. 461.
14 Ebd., S. 463; meine Hervorhebung.
15 Ebd., S. 485.
16 Ebd., S. 481, 487.
17 Schmitt, *Der Nomos der Erde*, S. 78. Bei Schmitt steht dieser Begriff in Anführungszeichen.
18 Montesquieu, *Persische Briefe*, Nr. 121, S. 224.
19 Vgl. Brauer, »Boundaries and Frontiers in Medieval Muslim Geography«, S. 37, 42.
20 Vgl. Elliott, *Empires of the Atlantic World*, Kap. 4.

21 Hobbes, *Leviathan*, II/20, S. 158.
22 Vgl. Browne, *Dark Matters*.
23 Ebd., S. 23.
24 Vgl. Fahrmeir, »Klassen-Grenzen«, S. 133, 136.
25 Vgl. Lehnert, *Die Un-Ordnung der Grenze*, S. 236 f.
26 Zit. ebd., S. 237.
27 Zit. ebd., S. 209.
28 Hobbes, *Leviathan*, II/21, S. 171 f.
29 Zit. in: Lehnert, *Die Un-Ordnung der Grenze*, S. 210 f.
30 Zit. in: Huttenback, *Racism and Empire*, S. 89.
31 Zit. ebd., S. 118 f.
32 Zit. ebd., S. 280.
33 Vgl. McKeown, *Melancholy Order*, S. 196 f.
34 Zit. in: Huttenback, *Racism and Empire*, S. 212.
35 Vgl. Bishi, »Immigration and settlement of ›undesirable‹ whites in Southern Rhodesia, c. 1940s–1960s«.
36 Vgl. Boucher, *Empire's Children*, S. 253 f.
37 Weber, »Die ländliche Arbeitsverfassung«, S. 183.
38 Vgl. Bashford, *Global Population*, S. 108.
39 Ebd., Kap. 4.
40 Zit. in: Zimmerer, »Der koloniale Musterstaat?«, S. 27.
41 Silvester und Gewald, *Words Cannot Be Found*, S. 174.
42 Vgl. McKeown, *Melancholy Order*, S. 299.

## KAPITEL 3

1 Coetzee, *Warten auf die Barbaren*, S. 249 f.
2 Schultke, »*Keiner kommt durch*«, S. 87.
3 Vgl. Miroff und Dawsey, »Trump wants his border barrier to be painted black with spikes«.
4 Vgl. Ramos, »Trump: ›I'm Using Mexico‹«.
5 Brachet, »Manufacturing Smugglers«, S. 25.
6 Vgl. Wolff, *Die Mauergesellschaft*.

7 Ebd., S. 18.

8 Vgl. Theweleit, *Das Land, das Ausland heißt*, S. 22 f.

9 Vgl. Landau, »A Chronotope of Containment Development«; Punter u. a., »A ›distributive regime‹«.

10 Hobbes, *Leviathan*, II/21, S. 163.

11 Montesquieu, *Persische Briefe*, Nr. 67, S. 126.

12 Französische Verfassung vom 3. September 1791; http://www.verfassungen.eu/f/fverf91-i.htm

13 Blackstone, *Commentaries of the Laws of England*, S. 134.

14 Vgl. Lake, »Chinese Colonists Assert Their ›Common Human Rights‹«, S. 386.

15 Vgl. Brachet, »Stuck in the Desert«.

16 Zit. in: Wolff, *Die Mauergesellschaft*, S. 570.

17 Vgl. Chronik und Fotos in Schneider, *Leipziger Demontagebuch*.

18 Zu diesem Gegensatz vgl. Hirschman, »Abwanderung, Widerspruch und das Schicksal der Deutschen Demokratischen Republik«; sowie Heins, »Can the refugee speak?«

19 Vgl. Wolff, *Die Mauergesellschaft*, S. 915, 819.

20 Hobbes, *Leviathan*, I/13, S. 98.

21 Platon, *Gesetze*, S. 451, 455.

22 Ratzel, *Die chinesische Auswanderung*, S. 51, 53.

23 Vgl. Mei, »Socioeconomic Origins of Emigration«, S. 477 f.

24 Vgl. Masanjala, »Tackling Malawi's medical brain drain«.

25 Plickert, »Kann uns Afrika helfen?«

26 Ebd.

27 Vgl. Dospinescu und Russo, »Romania – Systematic Country Diagnostic«, S. 5, 10.

28 Gabler, *Wer kommt? Wer geht? Wer bleibt?*, S. 5.

29 Vgl. Niederberger, »Gibt es gute Gründe, das Recht auf Emigration einzuschränken?«, S. 59, 63.

30 Hobbes, *Leviathan*, II/21, S. 163.

31 Vgl. Gertz, *Politische Auswirkungen der deutschen Einwanderung in Südbrasilien*.

32 Vgl. Ojeda-Ebert, *Deutsche Einwanderung und Herausbildung der chilenischen Nation*, S. 84.
33 Hobbes, *Leviathan*, I/15, S. 116.
34 Vgl. Oberndörfer, »Die Bundesrepublik Deutschland – Demokratisierung durch Zuwanderung?«
35 Vgl. Lehnartz, »Die Deutschtürken sind in Wahrheit Avantgarde«.
36 Vgl. die Zahlen in Goerres, »Mythos Erdogan-Fans«.
37 Vgl. Rother, »Democratic Remittances and Diaspora«, S. 63, 65 f.
38 Vgl. World Justice Project, »Rule of Law Index 2020«, S. 6 f.
39 Vgl. Reporters Without Borders, »2020 World Press Freedom Index«.

## KAPITEL 4

1 Coetzee, *Warten auf die Barbaren*, S. 74.
2 Vgl. No One Is Illegal – Vancouver Coast Salish Territories; https://noii-van.resist.ca/posters-i-am-a-human-smuggler/
3 Vgl. Wolff, *Die Mauergesellschaft*, S. 106 f.
4 Vgl. Detjen, *Ein Loch in der Mauer*, S. 440 f.
5 Gedenkstätte Bautzen, »Ehemalige Fluchthelfer erhalten das Bundesverdienstkreuz«.
6 Hobbes, *Leviathan*, II/21, S. 171 f. Für eine ähnliche Formulierung vgl. auch *Leviathan*, II/27, S. 231.
7 Abizadeh, *Hobbes and the Two Faces of Ethics*, S. 231. Vgl. auch Ludwig, *Die Wiederentdeckung des Epikureischen Naturrechts*, Kap. 7.
8 Hobbes, *Leviathan*, I/15, S. 118; meine Hervorhebung.
9 Vgl. Lehnert, *Die Un-Ordnung der Grenze*, S. 227, 237.
10 Al-Haj Saleh, »Living in the temporary«.
11 Vasilache, *Der Staat und seine Grenzen*, S. 52. Vgl. Gerst u. a., *Grenzforschung*.

12 Vgl. Andersen, »When Denmark criminalised kindness«. Für weitere Beispiele vgl. borderline-europe: »Push back Solidarity«.
13 UNHCR, »Abkommen über die Rechtsstellung der Flüchtlinge vom 28. Juli 1951«, Art. 31(1).
14 Vgl. Bundesgesetzblatt, »Zusatzprotokoll gegen die Schleusung von Migranten auf dem Land-, See- und Luftweg«, Art. 3(a), S. 1009.
15 Vgl. Europäische Union, »Richtlinie 2002/90/EG des Rates vom 28. November 2002 zur Definition der Beihilfe zur unerlaubten Ein- und Durchreise und zum unerlaubten Aufenthalt«, Art. 1(2).
16 Vgl. Europäisches Parlament, »Fit for purpose?«, S. 10 f.
17 Ebd., S. 37.
18 Mbembe, »Les Africains doivent se purger du désir d'Europe«.
19 Vgl. Hirschman, *Denken gegen die Zukunft.*
20 Vgl. z. B. Camilli, »Perchè le ong che salvano vite nel Mediterraneo sono sotto attacco«; Europäisches Parlament, »Fit for purpose?«, S. 14, 71; Carrera u. a., »Policing the mobility society«.
21 Zit in: Maher, »Historicising ›Irregular‹ Migration from Senegal to Europe«, S. 78.
22 Vgl. Karakayali, »Illegalität als Regulierungsform für Migration in der bundesdeutschen Gastarbeiterära«, S. 241; N'Gomov und Power: »Das Geschäft mit dem Menschenschmuggel«; Gatrell, *The Unsettling of Europe*, S. 220 f.
23 Wenn nicht anders angegeben, stütze ich mich auf den nächsten Seiten auf folgende Feldforschungen: Ali, »Going on Tahriib«; Brachet, »Manufacturing Smugglers«; Davy, »Unpacking the Myths«; Maher, »Historicising ›Irregular‹ Migration from Senegal to Europe«; Mohammadi u. a., »›We are the ones they come to when nobody can help‹«; Ribot u. a., »Climate of Anxiety in the Sahel«; van Liempt und Doomernik, »Migrant's Agency in the Smuggling Process«.
24 Vgl. z. B. Maher, »Southern Africa«, S. 125, 130.
25 Vgl. Golovko, »Players of many parts«, S. 27 f.

26 Vgl. Yıldız, »Impact of the EU–Turkey Statement on Smugglers' Operations«, S. 8.
27 Vgl. Sanchez, »Women's Participation in the Facilitation of Human Smuggling«.
28 Vgl. Campana, »Human Smuggling«.
29 Vgl. Achilli, »The ›Good‹ Smuggler«, S. 90.
30 Garelli und Tazzioli, »The Humanitarian Battlefield in the Mediterranean Sea«.
31 Vgl. Hahn, *Gegenüber von China.*
32 Vgl. Vammen, »New contested borderlands«.
33 Vgl. Vida, »Migrants unwelcome in U. S., look to Europe«.
34 Wolff, *Die Mauergesellschaft*, S. 919.
35 Colucci, *Storia dell'immigrazione in Italia*, S. 93.

## KAPITEL 5

1 Coetzee, *Leben und Zeit des Michael K.*, S. 117.
2 Hobbes, *Leviathan*, I/6, S. 39
3 Vgl. die Typologie in Oltmer, *Globale Migration*, S. 25.
4 Reemtsma, *Vertrauen und Gewalt*, S. 106.
5 Zit in: Wendelin, »Schub und Heimatrecht«, S. 232.
6 Zit. ebd., S. 335.
7 Vgl. Lehnert, *Die Un-Ordnung der Grenze*, S. 221; Fitzpatrick, *Purging the Empire*, Kap. 4.
8 Vgl. »Schiebung, die«, in: *Duden online*; https://www.duden.de/rechtschreibung/Schiebung
9 Fitzpatrick, *Purging the Empire*, S. 120.
10 Vgl. Browning, »The Path to Genocide«, S. 23.
11 Vgl. Hyslop, »The Invention of the Concentration Camp«, S. 266.
12 Vgl. Salomon, *Die Geächteten*, Reinbek 1962, S. 173.
13 Vgl. die Eurostat-Asylstatistik in: https://ec.europa.eu/eurostat/statistics-explained/index.php?title=Asylum_statistics#Decisions_on_asylum_applications

14 Vgl. Borger, »US Ice officers ›used torture to make Africans sign own deportation orders‹«.
15 Hobbes, *Leviathan*, I/6, S. 39
16 Walters, »Deportation, Expulsion, and the International Police of Aliens«, S. 276.
17 Vgl. die Zitate in: Wurm, »Das sind die Spots und Motive der größten Lufthansa-Kampagne aller Zeiten«.
18 Vgl. z. B. borderline-europe: »Push back Solidarity«, S. 40 f.
19 Vgl. Kirchhoff u. a., »Worth the Effort«; Panagiotidis, »The power to expel vs. the rights of migrants«.
20 Vgl. Wild, »Verliebt, verlobt – verklagt«.
21 Vgl. Scheel und Gutekunst, »Studying marriage migration to Europe from below«.
22 Ebd., S. 857 f.
23 Vgl. Fitzpatrick, *Purging the Empire*, S. 39 f.
24 Vgl. Schönwälder und Petermann, »Vielfalt als alltägliche Normalität«.

## KAPITEL 6

1 Coetzee, *Warten auf die Barbaren*, S. 245.
2 Hobbes, *De cive / Vom Bürger*, Vorwort an die Leser, S. 31.
3 Vgl. Meier, *Geschichte der Völkerwanderung*, S. 59.
4 *Philadelphia Inquirer*, 27. Mai 1893, zit. in: Simon, *Public Opinion and the Immigrant*, S. 103.
5 Vgl. Grant, *The Passing of the Great Race*, S. 81, 87.
6 Zit. in: Huttenback, *Racism and Empire*, S. 97.
7 Vgl. Ojeda-Ebert, *Deutsche Einwanderung und Herausbildung der chilenischen Nation*, Kap. 6.
8 Broder, »Sozialstaat oder Einwanderung«.
9 Vgl. Berlinghoff, »Über die ›Grenzen der Aufnahmefähigkeit‹ hinaus«.
10 Zit. in: Huttenback, *Racism and Empire*, S. 206.

11 Ebd., S. 127.
12 Faulhaber, Tagebucheintrag vom 8. Oktober 1947; https://www.faulhaber-edition.de/index.html
13 Vgl. Sandmeyer, *The Anti-Chinese Movement in California*, S. 35; Huttenback, *Racism and Empire*, S. 73.
14 Huttenback, *Racism and Empire*, S. 294.
15 Vgl. Sandmeyer, *The Anti-Chinese Movement in California*, S. 20, 47 f.
16 Vgl. Abella und Troper, *None is Too Many*.
17 Merkel, »Wir können allen helfen«.
18 Vgl. Hirschman, *Denken gegen die Zukunft*, Kap. 4.
19 Vgl. SZ, »Mehrere Anzeigen wegen ›Absaufen‹-Rufen bei Pegida«; Breyton, »Ich möchte mir nicht ausmalen, was dann passiert«.
20 Vgl. Griffin, »Interregnum or Endgame?«
21 Ebd., S. 173. Vgl. Heins und Unrau, »Anti-immigrant movements and the self-poisoning of the civil sphere«.
22 Petersen u. a., »The ›Need for Chaos‹ and Motivations to Share Hostile Political Rumors«, S. 17, 55.
23 Wittfogel, *Oriental Despotism*, S. 157.
24 So der Ausdruck des Juristen Reinhard Merkel bei einer öffentlichen Diskussion im Kulturwissenschaftlichen Institut Essen (KWI) im Oktober 2019.
25 Vgl. Feinberg, *Harm to Others*, S. 46 f.; Hobbes, *Leviathan*, II/27, S. 229.
26 Hardt, »Flüchtlinge, Terroristen, Freiheitskämpfer?«, S. 394 f.
27 Vgl. das Motto dieses Kapitels.
28 Hobbes, *Leviathan*, II/27, S. 227.
29 Vgl. Sequeira u. a., »Immigrants and the Making of America«.
30 Khosrokhavar, *Radikalisierung*, S. 55.
31 Vgl. Tillschneider, »Klarstellung von Dr. Hans-Thomas Tillschneider zu Vorwürfen des Verfassungsschutzes«.
32 Vgl. Spiegel International, »Why Germany's Deportation System Is Failing Everyone«.
33 Zastrow, »Die neue völkische Bewegung«.

## KAPITEL 7

1 Eco, *Die Migrationen des dritten Jahrtausends*, S. 50.
2 Hölderlin, »Lebenslauf«.
3 Vgl. Poschardt, »Deutschland hat wenig aus 2015 gelernt«.
4 Vgl. Rousseau, *Vom Gesellschaftsvertrag*, S. 5.
5 Zu den Begriffen »Demut« (*humility*) und »Bescheidenheit« (*modesty*) bei Hobbes vgl. Cooper, *Secular Powers*, Kap. 2.
6 Hobbes, *Leviathan*, II/30, S. 255.
7 Marchwitza, *Meine Jugend*, S. 155, 160.
8 Vgl. Flitner, »Heimat als Zeitlandschaft«.
9 Vgl. Morone, »Policies, Practices, and Representations Regarding Sub-Saharan Migrants in Libya«; McMahon und Sigona, »Navigating the Central Mediterranean in a Time of ›Crisis‹«; Coutin, »Being En Route«.
10 Vgl. Massey u. a., »Why Border Enforcement Backfired«.
11 Ebd., S. 1576–1580.
12 Vgl. McKeown, *Melancholy Order*, Kap. 2; Özden, »Moving for Prosperity«, Overview.
13 Vgl. Clemens und Postel, »Deterring Emigration with Foreign Aid«; Ali, »Going on Tahriib«, S. 16f.
14 Vgl. Ribot u. a., »Climate of Anxiety in the Sahel«.
15 Zu radikaleren Ansätzen einer Politik, die Migrationsursachen neutralisiert, vgl. Göpel, »Flucht, Migration, Integration«.
16 Vgl. Yıldız, »Impact of the EU–Turkey Statement on Smugglers' Operations«.
17 Vgl. UNDP, »Scaling Fences«, S. 6; Czaika und De Haas, »The Effectiveness of Immigration Policies«.
18 Vgl. McKeown, *Melancholy Order*, S. 137.
19 Vgl. Theilen, »Einbrecher meiden die Dunkelheit«; La Ganga, »›Go back to California‹«.
20 Vgl. O'Toole, »Historians will not believe sheer ignorance of Brexit supporters«.
21 Vgl. MIDEM, *Migration und Populismus*; Messing und Ságvári,

»Still divided but more open«; Wagner u. a., »Proportion of foreigners negatively predicts the prevalence of xenophobic hate crimes within German districts«.

22 Vgl. Specia, »Travel Restrictions on Americans Erode a Sense of Passport Privilege«.

23 Vgl. Walker, »›Baby machines‹«.

24 Zit. in: Kalev, »The rise of Germany's far-right«.

25 Vgl. Mukerjee, *Migrant Asia*; Bashford, *Global Population*, S. 118 f., 164–167.

26 Zur Kritik an dieser Sorte von Kosmopolitismus vgl. Ahlhaus und Niesen, »Regressionen des Mitgliedschaftsrechts«.

27 Vgl. Andersson, »Europe's failed ›fight‹ against irregular migration«; Vermeulen u. a., »Europe spends billions stopping migration«.

28 Vgl. McKeown, *Melancholy Order*, S. 159 f.

29 Vgl. Maher, »Historicising ›Irregular‹ Migration from Senegal to Europe«, S. 81 f.

30 Vgl. Hansen und Jonsson, *Eurafrica*, S. 260.

31 Ebd., S. 180–182.

32 Vgl. Bauböck, »Mare nostrum«, S. 9; Ahlhaus und Niesen, »Regressionen des Mitgliedschaftsrechts«.

33 Vgl. Üstün, »The Impact of Migration Policies on the EU's Image as a Value-Driven Normative Actor«.

34 Vgl. Ali, »Going on Tahriib«, S. 35 f.

35 Seneca, *Ad Helviam matrem de consolatione*, S. 45.

# Literatur


Abella, Irving M., und Harold M. Troper: *None is Too Many. Canada and the Jews of Europe 1933–1948*, Toronto 2012.

Abizadeh, Arash: *Hobbes and the Two Faces of Ethics*, Cambridge 2018.

Achilli, Luigi: »The ›Good‹ Smuggler: The Ethics and Morals of Human Smuggling among Syrians«, in: *The Annals of the American Academy of Political and Social Science* 676, no. 1, 2018, S. 77–96.

Ahlhaus, Svenja, und Peter Niesen: »Regressionen des Mitgliedschaftsrechts. Für einen Kosmopolitismus von innen«, in: Ulf Bohmann und Paul Sörensen (Hg.), *Kritische Theorie der Politik*, Berlin 2019, S. 608–631.

Al-Haj Saleh, Yassin: »Living in the temporary«, in: *Yassinhs.com*, 17. April 2018; http://www.yassinhs.com/2018/04/17/living-in-the-temporary/

Ali, Nimo-Ilhan: »Going on Tahriib: The causes and consequences of Somali youth migration to Europe«, *Rift Valley Institute Research Paper 5*, London 2016; https://www.refworld.org/pdfid/57e92d114.pdf

Andersen, Lisbeth Zornig: »When Denmark criminalised kindness«, in: *Granta*, 7. Dezember 2016; https://granta.com/denmark-criminalised-kindness/

Andersson, Ruben: »Europe's failed ›fight‹ against irregular migration: ethnographic notes on a counterproductive industry«, in: *Journal of Ethnic and Migration Studies* 42 (7), 2016, S. 1055–75.

Ataman, Ferda: »Dagegen sein reicht nicht«, in: *Der Spiegel*, 6. Februar 2020; https://www.spiegel.de/kultur/was-wollen-wir-eigentlich-kolumne-a-52dcc64a-3e7b-44ce-92c6-a4826344ae02

Bashford, Alison: *Global Population. History, Geopolitics, and Life on Earth*, New York 2014.

Bauböck, Rainer: »Mare nostrum: the political ethics of migration in the Mediterranean«, in: *Comparative Migration Studies* 7 (4), 2019, S. 1–15; https://rdcu.be/b7hER

Berlinghoff, Marcel: »Über die ›Grenzen der Aufnahmefähigkeit‹ hinaus«, in: *FluchtforschungsBlog*, 28. September 2015; https://blog.fluchtforschung.net/uber-die-grenzen-der-aufnahmefahigkeit-hinaus/

Bei Dao: Notizen vom Sonnenstaat. Übersetzt von Wolfgang Kubin, München 1991.

Bishi, George: »Immigration and settlement of ›undesirable‹ whites in Southern Rhodesia, c. 1940s–1960s«, in: Duncan Money und Danelle van Zyl-Hermann (Hg.), *Rethinking White Societies in Southern Africa 1930s–1990s*, Abington 2020, S. 59–77.

Blackstone, William: *Commentaries of the Laws of England*, 6. Aufl., Vol. I, Oxford 1775.

Boffey, Daniel: »Migrants detained in Libya for profit, leaked EU report reveals«, in: *The Guardian*, 20. November 2019; https://www.theguardian.com/uk-news/2019/nov/20/migrants-detained-in-libya-for-profit-leaked-eu-report-reveals

borderline-europe: »Push back Solidarity – Wie die Europäische Union Solidarität mit Schutzsuchenden kriminalisiert«, Borderline-europe, Berlin 2020; https://www.borderline-europe.de/eigene-publikationen/push-back-solidarity-wie-die-europ%C3%A4ische-union-solidarit%C3%A4t-mit-schutzsuchenden

Borger, Julian: »US Ice officers ›used torture to make Africans sign own deportation orders‹«, in: *The Guardian*, 22. Oktober 2020; https://www.theguardian.com/us-news/2020/oct/22/us-ice-officers-allegedly-used-torture-tomake-africans-sign-own-deportation-orders

Boucher, Ellen: *Empire's Children. Child Emigration, Welfare, and the Decline of the British World, 1869–1967*, Cambridge 2014.

Brachet, Julien: »Stuck in the Desert: Hampered Mobility among Transit Migrants in Northern Niger«, in: Jocelyne Streiff-Fénart und Aurelia Wa Kabwé-Segatti (Hg.), *The Challenge of the Threshold. Border Closures and Migration Movements in Africa*, Plymouth, UK, 2011, S. 73–88.

Brachet, Julien: »Manufacturing Smugglers: From Irregular to Clandestine Mobility in the Sahara«, in: *The Annals of the American Academy of Political and Social Science* 676 (1), 2018, S. 16–35.

Brauer, Ralph W.: »Boundaries and Frontiers in Medieval Muslim Geography«, in: *Transactions of the American Philosophical Society* 85 (6), 1995, S. 1–73.

Bréville, Benoît: »Out of Africa«, in: *Le Monde diplomatique*, November 2018; https://mondediplo.com/2018/11/09migration

Breyton, Ricarda: »›Ich möchte mir nicht ausmalen, was dann passiert‹« (Interview mit Florian Westphal, Ärzte ohne Grenzen), in: *Die Welt*, 16. März 2020; https://www.welt.de/politik/deutschland/article206562429/Corona-in-Griechenland-Dringender-denn-je-Lager-zu-evakuieren.html

Brezger, Jan: *Internationale Freizügigkeit als Menschenrecht*, Frankfurt am Main 2018.

Broder, Henryk M.: »Sozialstaat oder Einwanderung«, in: *Die Welt*, 19. Juni 2017; https://www.welt.de/print/die_welt/debatte/article165675355/Sozialstaat-oder-Einwanderung.html

Browne, Simone: *Dark Matters. On the Surveillance of Blackness*, Durham / London 2015.

Browning, Christopher R.: *The Path to Genocide. Essays on Launching the Final Solution*, Cambridge 1992.

Buchowski, Michał: »Making Anthropology Matter in the Heyday of Islamophobia and the ›Refugee Crisis‹: The Case of Poland«, in: *Český lid* 103, 2016, S. 51–67.

Bundesgesetzblatt: »Zusatzprotokoll gegen die Schleusung von Migranten auf dem Land-, See- und Luftweg zum Übereinkommen der Vereinten Nationen gegen die grenzüberschreitende organisierte

Kriminalität«, in: *Bundesgesetzblatt*, Jg. 2005, Teil II, Nr. 21, Bonn 2005, S. 1007–1022.

Camilli, Annalisa: »Perchè le ong che salvano vite nel Mediterraneo sono sotto attacco«, in: *Internazionale*, 22. April 2017; https://www.internazionale.it/notizie/annalisa-camilli/2017/04/22/ong-criminalizzazione-mediterraneo

Campana, Paolo: »Human Smuggling: Structure and Mechanisms«, in: *Crime and Justice*, 5. Mai 2020; https://www.journals.uchicago.edu/doi/pdfplus/10.1086/708663

Carens, Joseph H.: *The Ethics of Immigration*, New York 2013.

Carrera, Sergio, Jennifer Allsopp und Lina Vosyliute: »Policing the mobility society: the effects of EU anti-migrant smuggling policies on humanitarianism«, in: *International Journal of Migration and Border Studies* 4 (3), 2018, S. 236–276.

Cassee, Andreas: *Globale Bewegungsfreiheit. Ein philosophisches Plädoyer für offene Grenzen*, Berlin 2016.

Clemens, Michael A., and Hannah M. Postel: »Deterring Emigration with Foreign Aid: An Overview of Evidence from Low-Income Countries«, in: *Population and Development Review* 44 (4), 2018, S. 667–93.

Coetzee, J. M.: *Warten auf die Barbaren*. Übersetzt von Reinhild Böhnke, Frankfurt am Main 2002.

Coetzee, J. M.: *Leben und Zeit des Michael K.* Übersetzt von Wulf Teichmann, 5. Aufl., Frankfurt am Main 2003.

Colucci, Michele: *Storia dell'immigrazione in Italia. Dal 1945 ai nostri giorni*, Rom 2019.

Cooper, Julie E.: *Secular Powers. Humility in Modern Political Thought*, Chicago 2013.

Coutin, Susan Bibler: »Being En Route«, in: *American Anthropologist* 107 (2), 2005, S. 195–206.

Cuttitta, Paolo und Tamara Last (Hg.): *Border Deaths. Causes, Dynamics and Consequences of Migration-related Mortality*, Amsterdam 2020.

Czaika, Mathias, und Hein De Haas: »The Effectiveness of Immigration Policies«, in: *Population and Development Review* 39 (3), 2013, S. 487–508.

Davy, Deanna: »Unpacking the Myths: Human smuggling from and within the Horn of Africa«, *RMMS Briefing Paper 6*, Dezember 2017; https://reliefweb.int/sites/reliefweb.int/files/resources/RMMS%20BriefingPaper6%20-%20Unpacking%20the%20Myths.pdf

Detjen, Marion: *Ein Loch in der Mauer. Die Geschichte der Fluchthilfe im geteilten Deutschland 1961–1989*, München 2005.

Die Welt: »Seehofer nach Chemnitz: ›Mutter aller Probleme ist die Migration‹«, in: *Die Welt*, 5. September 2018; https://www.welt.de/politik/deutschland/article181434586/Seehofer-nach-Chemnitz Mutter-aller-Probleme-ist-die-Migration.html

Die Zeit: »FDP-Chef Lindner löst Rassismus-Debatte aus«, in: *Die Zeit*, 13. Mai 2018; https://www.zeit.de/news/2018-05/13/fdp-chef-lindner-loest-rassismus-debatte-aus-180513-99-284434

Dospinescu, Andrei Silviu, und Giuseppe Russo: »Romania – Systematic Country Diagnostic: background note migration«, World Bank Group, Washington, DC 2018; http://documents.worldbank.org/curated/en/210481530907970911/Romania-Systematic-Country-Diagnostic-background-note-migration

Eco, Umberto: »Die Migrationen des dritten Jahrtausends«, in: *Der ewige Faschismus*. Übersetzt von Burkhart Kroeber, München 2020, S. 43–51.

Elliott, J. H.: *Empires of the Atlantic World. Britain and Spain in America 1492–1830*, New Haven 2006.

Europäisches Parlament: »Fit for purpose? The Facilitation Directive and the criminalisation of humanitarian assistance to irregular migrants: 2018 Update«, Strasbourg, European Parliament, Policy Department for Citizens' Rights and Constitutional Affairs, Dezember 2018.

Europäische Union: »Richtlinie 2002/90/EG des Rates vom 28. November 2002 zur Definition der Beihilfe zur unerlaubten Ein- und Durchreise und zum unerlaubten Aufenthalt«, in: *Amtsblatt der Europäischen Gemeinschaften*, 5. Dezember 2002.

Fahrmeir, Andreas: »Klassen-Grenzen: Migrationskontrolle im 19. Jahrhundert«, in: *Rechtsgeschichte* 12, 2008, S. 125–138.

FAZ: »Fast 1000 Angriffe auf Muslime und Moscheen«, in: *Frankfurter Allgemeine Zeitung*, 3. März 2018.

Feinberg, Joel: *Harm to Others*, Oxford 1984.

Filser, Hubert: »In den Knochen der Römer«, in: *Süddeutsche Zeitung*, 31. August / 1. September 2019.

Fitzpatrick, Matthew P.: *Purging the Empire. Mass Expulsions in Germany, 1871–1914*, New York 2015.

Flitner, Michael: »Heimat als Zeitlandschaft. Subjektive Zeiten, Eigenzeiten, Weltzeit«, in: *Schriftenreihe des deutschen Rates für Landespflege* 77, 2005, S. 50–54.

Fontana, Josep: *Europa im Spiegel. Eine kritische Revision der europäischen Geschichte*. Übersetzt von Joan Weiss i Knopf, München 1995.

Gabler, Julia u. a.: *Wer kommt? Wer geht? Wer bleibt? Eine Studie zur Verbesserung der Verbleibchancen qualifizierter Frauen im Landkreis Görlitz*, Görlitz 2016.

Garau, Rodolfo: »Springs, Nitre, and Conatus: The Role of the Heart in Hobbes's Physiology and Animal Locomotion«, in: *British Journal for the History of Philosophy* 24 (2), 2016, S. 231–256.

Garelli, Glenda, und Martina Tazzioli: »The Humanitarian Battlefield in the Mediterranean Sea: Moving beyond Rescuing and Letting Die«, in: *Border Criminologies*, 4. April 2019; https://www.law.ox.ac.uk/research-subject-groups/centre-criminology/centreborder-criminologies/blog/2019/04/humanitarian

Gatrell, Peter: *The Unsettling of Europe. The Great Migration, 1945 to the Present*, London 2019.

Gedenkstätte Bautzen: »Ehemalige Fluchthelfer erhalten das Bundesverdienstkreuz«, Gedenkstätte Bautzen, 26. Oktober 2012; https://www.stsg.de/cms/bautzen/aktuelles/ehemalige-fluchthelfer-erhalten-das-bundesverdienstkreuz

Gerst, Dominik, Maria Klessmann und Hannes Krämer (Hg.): *Grenzforschung. Handbuch für Wissenschaft und Studium*, Baden-Baden 2021.

Gertz, Rene Ernaini: *Politische Auswirkungen der deutschen Einwanderung in Südbrasilien. Die Deutschstämmigen und die faschistischen Strömungen in den 30er Jahren*, Berlin 1980.

Goerres, Achim: »Mythos Erdogan-Fans: Warum die Unterstützung der Türken in Deutschland für Erdogan gar nicht so hoch ist«, in: *Aus der Wissenschaft für die Politik*, 7. Dezember 2018; https://blogs.uni-due.de/wissenschaft-politik/2018/12/07/mythos-erdogan-fans-warum-die-unterstuetzung-der-tuerken-in-deutschland-fuer-erdogan-gar-nicht-so-hoch-ist/

Golovko, Ekaterina: »Players of many parts: The evolving role of smugglers in West Africa's migration economy«, Mixed Migration Centre (MMC), Dakar 2019; http://www.mixedmigration.org/resource/players-of-many-parts/

Göpel, Maja: »Flucht, Migration, Integration – Zeit für eine Geopolitik der Hoffnung«, in: Gerd Michelsen (Hg.), *Die Deutsche Nachhaltigkeitsstrategie*, Wiesbaden 2017, S. 157–72.

Grant, Madison: *The Passing of the Great Race: Or, The Racial Basis of European History*, 4. Aufl., New York 1921.

Greenhouse, Linda: »Court Is Asked to Back Haitians' Return«, in: *New York Times*, 3. März 1993.

Griffin, Roger: »Interregnum or Endgame? The Radical Right in the ›Post-Fascist‹ Era«, in: *Journal of Political Ideologies* 5 (2), 2000, S. 163–178.

Grimm, Hans: *Volk ohne Raum*, München 1926.

Hahn, Anne: *Gegenüber von China*, Mainz 2014.

Hansen, Peo, und Stefan Jonsson: *Eurafrica. The Untold History of European Integration and Colonialism*, London 2014.

Hardt, Lucas: »Flüchtlinge, Terroristen, Freiheitskämpfer? Algerische Migranten und die Bundesrepublik Deutschland 1954–1962«, in: *Vierteljahrshefte für Zeitgeschichte* 67 (3), 2019, S. 377–407.

Hecking, Claus: »Kohl wollte offenbar jeden zweiten Türken loswerden«, in: *Der Spiegel*, 1. August 2013; http://www.spiegel.de/politik/deutschland/kohl-wollte-jedenzweiten-tuerken-in-deutschland-loswerden-a-914318.html

Heins, Volker M.: »Can the refugee speak? Albert Hirschman and the changing meanings of exile«, in: *Thesis Eleven* 158, 2020, S. 42–57.

Heins, Volker M., und Christine Unrau: »Anti-immigrant movements and the self-poisoning of the civil sphere. The case of Germany«, in: Jeffrey C. Alexander u. a. (Hg.), *Breaching the Civil Order: Radicalism and the Civil Sphere*, Cambridge 2020, S. 145–169.

Hennessy-Fiske, Molly: »El Paso shooting victims' families and friends fear for their own safety«, in: *Los Angeles Times*, 11. August 2019; https://www.latimes.com/world-nation/story/2019-08-10/el-paso-shooting-victims-families-friends-still-fear-for-safety

Hirschman, Albert O.: *Denken gegen die Zukunft. Die Rhetorik der Reaktion*. Übersetzt von Daniel von Recklinghausen, Frankfurt am Main 1995.

Hirschman, Albert O.: »Abwanderung, Widerspruch und das Schicksal der Deutschen Demokratischen Republik. Ein Essay zur konzeptuellen Geschichte«, in: *Leviathan* 20 (3), 1992, S. 330–58.

Hobbes, Thomas: *Leviathan oder Stoff, Form und Gewalt eines kirchlichen und bürgerlichen Staates*. Herausgegeben von Iring Fetscher, übersetzt von Walter Euchner, Frankfurt am Main 1984.

Hobbes, Thomas: *De cive/Vom Bürger*. Übersetzt von Andree Hahmann, Stuttgart 2017.

Hölderlin, Friedrich: »Lebenslauf«, in: *Gedichte*, Stuttgart / Tübingen 1826, S. 75.

Hopgood, Stephen: *The Endtimes of Human Rights*, Ithaca 2013.

Huttenback, Robert A.: *Racism and Empire. White Settlers and Colored Immigrants in the British Self-Governing Colonies, 1830–1910*, Ithaca 1976.

Hyslop, Jonathan: »The Invention of the Concentration Camp: Cuba, Southern Africa and the Philippines, 1896–1907«, in: *South African Historical Journal* 63 (2), 2011, S. 251–276.

Joyce, Kathryn: »The Threat of International Adoption for Migrant Children Separated from Their Families«, in: *The Intercept*, 1. Juli 2018; https://theintercept.com/2018/07/01/separated-children-adoption-immigration/

Kalev, Gol: »The rise of Germany's far-right: Its impact on Europe and Israel«, in: *The Jerusalem Post*, 25. September 2017; https://www.jpost.com/international/the-rise-of-germanys-far-right-afd-leader-sits-down-with-the-post-505898

Karakayali, Serhat: »Illegalität als Regulierungsform für Migration in der bundesdeutschen Gastarbeiterära«, in: Reinhard Johle und Jan Lange (Hg.), *Konfliktfeld Fluchtmigration. Historische und ethnographische Perspektiven*, Bielefeld 2019, S. 229–245.

Kasparek, Bernd: »Routes, Corridors, and Spaces of Exception: Governing Migration and Europe«, in: *Near Futures Online 1,* 2016, *»Europe at a Crossroads«*; http://nearfuturesonline.org/routes-corridors-and-spaces-ofexception-governing-migration-and-europe/

Khosrokhavar, Farhad: *Radikalisierung*. Übersetzt von Stefan Lorenzer, Hamburg 2016.

Kirchhoff, Maren, Johanna Probst, Helen Schwenken und Verena Stern: »Worth the Effort: Protesting Successfully Against Deportations«, in: Sieglinde Rosenberger u. a. (Hg.), *Protest Movements in Asylum and Deportation*, Cham 2018, S. 117–139.

Klonovsky, Michael: »20. Februar 2020«, in: *Acta diurna*, 20. Februar 2020; https://www.michael-klonovsky.de/acta-diurna/item/1304-20-februar-2020

Kotef, Hagar: *Movement and the Ordering of Freedom. On Liberal Governances of Mobility*, Durham / London 2015.

La Ganga, Maria L.: »›Go back to California‹: Wave of newcomers fuels backlash in Boise«, in: *Los Angeles Times*, 10. November 2019; https://www.latimes.com/california/story/2019-11-10/go-backto-california-wave-of-newcomers-fuels-backlash-in-boise

Lake, Marilyn: »Chinese Colonists Assert Their ›Common Human Rights‹: Cosmopolitanism as Subject and Method of History«, in: *Journal of World History* 21 (3), 2010, S. 375–392.

Landau, Loren B.: »A Chronotope of Containment Development: Europe's Migrant Crisis and Africa's Reterritorialisation«, in: *Antipode* 51 (1), 2019, S. 169–186.

Lehnartz, Sascha: »Die Deutschtürken sind in Wahrheit Avantgarde«, in: *Die Welt*, 1. Juli 2018; https://www.welt.de/debatte/kommentare/plus178526712/Deutschtuerken-Integration-und-Autokratie-vertragen-sich.html

Lehnert, Katrin: *Die Un-Ordnung der Grenze. Mobiler Alltag zwischen Sachsen und Böhmen und die Produktion von Migration im 19. Jahrhundert*, Leipzig 2017.

Lessenich, Stephan: *Neben uns die Sintflut. Die Externalisierungsgesellschaft und ihr Preis*, Berlin 2016.

Ludwig, Bernd: *Die Wiederentdeckung des Epikureischen Naturrechts. Zu Thomas Hobbes' philosophischer Entwicklung von De Cive zum Leviathan im Pariser Exil 1640–1651*, Frankfurt am Main 1998.

Maher, Stephanie: »Historicising ›Irregular‹ Migration from Senegal to Europe«, in: *Anti-Trafficking Review*, no. 9 (2017), S. 77–91.

Maher, Stephanie: »Southern Africa«, in: Anna Triandafyllidou und Marie L. McAuliffe (Hg.), *Migrant Smuggling Data and Research. A global review of the emerging evidence base*, Vol. 2, IOM, Genf 2018, S. 123–142.

Marchwitza, Hans: *Meine Jugend*, Berlin 1950.

Markusoff, Jason: »The new underground railroad«, in: *Maclean's*, 7. Februar 2017; https://www.macleans.ca/the-new-underground-railroad-to-canada/

Masanjala, Winford H.: »Tackling Malawi's medical brain drain«, in: *Africa Portal*, 11. September 2018; https://www.africaportal.org/features/tackling-malawis-medical-brain-drain/

Massey, Douglas S., Jorge Durand und Karen A. Pren: »Why Border Enforcement Backfired«, in: *American Journal of Sociology* 121 (5), 2016, S. 1557–1600.

Mbembe, Achille: »Les Africains doivent se purger du désir d'Europe«, in: *Le Monde*, 10. Februar 2019; https://www.lemonde.fr/afrique/article/2019/02/10/achille-mbembe-les-africains-doivent-se-purger-du-desir-d-europe_5421762_3212.html

McKeown, Adam M.: *Melancholy Order. Asian Migration and the Globalization of Borders*, New York 2008.

McMahon, Simon, und Nando Sigona: »Navigating the Central Mediterranean in a Time of ›Crisis‹: Disentangling Migration Governance and Migrant Journeys«, in: *Sociology* 52 (3), 2018, S. 497–514.

Mei, June: »Socioeconomic Origins of Emigration: Guangdong to California, 1850–1882«, in: *Modern China* 5 (4), 1979, S. 463–501.

Meier, Mischa: *Geschichte der Völkerwanderung. Europa, Asien und Afrika vom 3. bis zum 8. Jahrhundert n. Chr.*, München 2019.

Merkel, Reinhard: »Wir können allen helfen«, in: *Frankfurter Allgemeine Zeitung*, 22. November 2017.

Messing, Vera, und Bence Ságvári: »Still divided but more open: Mapping European attitudes towards migration before and after the migration crisis«, Friedrich-Ebert-Stiftung, Budapest 2019; http://library.fes.de/pdf-files/bueros/budapest/15322-20190505.pdf

MIDEM: *Migration und Populismus.* Jahresbericht 2018 (Mercator Forum Migration und Demokratie), Dresden 2018.

Migration Data Portal: »Todesfälle und Verschwinden von Migrantinnen und Migranten«, 2020; https://migrationdataportal.org/de/themes/deces-et-disparitions-de-migrants

Mill, John Stuart: *Über die Freiheit.* Übersetzt von Bruno Lemke, Stuttgart 1974.

Mill, John Stuart: *Betrachtungen über die Repräsentativregierung.* Übersetzt von Hannelore Irle-Dietrich, Berlin 2013.

Miroff, Nick, und Josh Dawsey: »Trump wants his border barrier to be painted black with spikes. He has other ideas, too«, in: *The Washington Post,* 16. Mai 2019.

Mohammadi, Abdullah, Ruta Nimkar und Emily Savage: »›We are the ones they come to when nobody can help‹: Afghan smugglers' perceptions of themselves and their communities«, IOM, *Migration Research Series* No. 56, 2019; https://publications.iom.int/books/mrs-no-56-we-are-ones-they-come-when-nobody-can-help-afghan-smugglers-perceptions-themselves

Montesquieu, Charles: *Persische Briefe.* Übersetzt von Peter Schunk, Stuttgart 2004.

Morone, Antonio M.: »Policies, Practices, and Representations Regarding Sub-Saharan Migrants in Libya: From the Partnership with Italy to the Post-Qadhafi Era«, in: Paolo Gaibazzi u. a. (Hg.), *EurAfrican Borders and Migration Management. Political Cultures, Contested Spaces, and Ordinary Lives,* New York 2017, S. 129–155.

Mukerjee, Radhakamal: *Migrant Asia,* Rom 1936.

Musil, Robert: *Der Mann ohne Eigenschaften,* Reinbek 1978.

N'Gomov, Odile, und Jonathan Power: »Das Geschäft mit dem Menschenschmuggel«, in: *Die Zeit,* 26. April 1974.

Niederberger, Andreas: »Gibt es gute Gründe, das Recht auf Emigration einzuschränken? Zur normativen Herausforderung des Brain-Drain«, in: Simone Dietz u. a. (Hg.), *Die Freiheit zu gehen.*

*Ausstiegsoptionen in politischen, sozialen und existenziellen Kontexten*, Heidelberg 2019, S. 45–77.

Oberndörfer, Dieter: »Die Bundesrepublik Deutschland – Demokratisierung durch Zuwanderung?«, in: Stefan Rother (Hg.), *Migration und Demokratie*, Wiesbaden 2016, S. 17–46.

Ojeda-Ebert, Gerardo Jorge: *Deutsche Einwanderung und Herausbildung der chilenischen Nation (1846–1920)*, München 1984.

Oltmer, Jochen: *Globale Migration. Geschichte und Gegenwart*, 3. Aufl., München 2016.

Orringer, Julie: »Why Detention Centers Remind Us of One of the Worst Periods in History«, in: *New York Times*, 30. Juni 2019.

O'Toole, Fintan: »Historians will not believe sheer ignorance of Brexit supporters«, in: *Irish Times*, 13. November 2018; https://www.irishtimes.com/opinion/fintan-o-toole-historians-will-not-believe-sheer-ignorance-of-brexit-supporters-1.3695347

Özden, Çağlar: »Moving for Prosperity: Global Migration and Labor Markets«, World Bank Group, Policy Research Report, Washington DC 2018; https://www.worldbank.org/en/research/publication/moving-for-prosperity

Panagiotidis, Jannis: »The power to expel vs. the rights of migrants: expulsion and freedom of movement in the Federal Republic of Germany, 1960s–1970s«, in: *Citizenship Studies* 24 (3), 2020, S. 301–318.

Petersen, Michael Bang, Mathias Osmundsen und Kevin Arceneaux: »The ›Need for Chaos‹ and Motivations to Share Hostile Political Rumors,« Aarhus University, unveröffentlichtes Manuskript, Mai 2020; https://psyarxiv.com/6m4ts/

Platon: *Gesetze* (Werke, Bd. 8). Herausgegeben von Klaus Schöpsdau und Carl W. Müller, Darmstadt 2001.

Plickert, Philip: »Kann uns Afrika helfen?«, in: *Frankfurter Allgemeine Sonntagszeitung*, 19. April 2020.

Popitz, Heinrich: *Phänomene der Macht*, 2. Aufl., Tübingen 1992.

Poschardt, Ulf: »Deutschland hat wenig aus 2015 gelernt«, in: *Die Welt*, 5. März 2020; https://www.welt.de/debatte/kommentare/plus206349643/Griechenland-Der-Anstand-wird-parteipolitisch-instrumentalisiert.html

Punter, Dagmar E., Hasse van der Veen, Enrike van Wingerden und Darshan Vigneswaran: »A ›distributive regime‹: Rethinking global migration control«, in: *Political Geography* 70, 2019, S. 117–126.

Rame, Sergio: »Salvini, notte al Cara di Mineo: ›Supermarket di carne umana‹«, in: *Il Giornale*, 2. Mai 2018; http://www.ilgiornale.it/news/politica/salvini-notte-cara-mineo-supermarket-carne-umana-1391746.html

Ramos, Jorge: »Trump: ›I'm Using Mexico‹«, in: *New York Times*, 8. Oktober 2019.

Ratzel, Friedrich: *Die chinesische Auswanderung. Ein Beitrag zur Cultur- und Handelsgeographie*, Breslau 1876.

Reemtsma, Jan Philipp: *Vertrauen und Gewalt. Versuch über eine besondere Konstellation der Moderne*, Hamburg 2013.

Reporters Without Borders: »2020 World Press Freedom Index«; https://rsf.org/en/ranking_table

Ribot, Jesse, Papa Faye und Matthew D. Turner: »Climate of Anxiety in the Sahel: Emigration in Xenophobic Times«, in: *Public Culture* 32 (1), 2020, S. 45–75.

Rother, Stefan: »Democratic Remittances and Diaspora: Tracking the Multilayered Political Practices of Migrants«, in: Olga Oleinikova und Jumana Bayeh (Hg.), *Democracy, Diaspora, Territory. Europe and Cross-Border Politics*, London 2019, S. 56–70.

Rousseau, Jean-Jacques: *Abhandlung über den Ursprung und die Grundlagen der Ungleichheit unter den Menschen*. Übersetzt von Philipp Rippel, Stuttgart 1998.

Rousseau, Jean-Jacques: *Vom Gesellschaftsvertrag oder Grundsätze des Staatsrechts*. Übersetzt von Hans Brockard und Eva Pietzcker, Stuttgart 2011.

Salomon, Ernst von: *Die Geächteten*, Reinbek 1962.

Sanchez, Gabriella: »Women's Participation in the Facilitation of Human Smuggling: The Case of the US Southwest«, in: *Geopolitics* 21 (2), 2016, S. 1–20.

Sandmeyer, Elmer Clarence: *The Anti-Chinese Movement in California*, Urbana 1991.

Scheel, Stephan, und Miriam Gutekunst: »Studying marriage migration to Europe from below: informal practices of government, border struggles and multiple entanglements«, in: *Gender, Place & Culture* 26 (6), 2019, S. 847–867.

Schiller, Friedrich: »(Kallias oder über die Schönheit) Briefe an Gottfried Körner«, in: Friedrich Schiller, *Erzählungen. Theoretische Schriften* (Sämtliche Werke V). Herausgegeben von Wolfgang Riedel, München 2004, S. 394–433.

Schmitt, Carl: *Der Nomos der Erde im Völkerrecht des Jus Publikum Europaeum*, Berlin 1950.

Schneider, Wolfgang (Hg.): *Leipziger Demontagebuch. Demo, Montag, Tagebuch, Demontage*, Leipzig 1990.

Schönwälder, Karen, und Sören Petermann: »Vielfalt als alltägliche Normalität. Interaktionen und Einstellungen in deutschen Städten«, in: Frank Gesemann und Roland Roth (Hg.), *Handbuch Lokale Integrationspolitik*, Wiesbaden 2017, S. 359–372.

Schultke, Dietmar: *»Keiner kommt durch«. Die Geschichte der innerdeutschen Grenze und der Berliner Mauer 1945–1990*, Berlin 1999.

Seneca: *Ad Helviam matrem de consolatione. Trostschrift an die Mutter Helvia*. Lateinisch und deutsch. Übersetzt von Franz Loretto, Stuttgart 2001.

Sequeira, Sandra, Nathan Nunn und Nancy Qian: »Immigrants and the Making of America«, in: *The Review of Economic Studies* 87 (1), 2020, 382–419.

Shear, Michael D., und Julie Hirschfeld Davis: »Shoot Migrants' Legs, Build Alligator Moat: Behind Trump's Ideas for Border«, in: *New York Times*, 2. Oktober 2019.

Silvester, Jeremy, und Jan-Bart Gewald: *Words Cannot Be Found. German Colonial Rule in Namibia. An Annotated Reprint of the 1918 Blue Book*, Leiden 2003.

Simon, Rita J.: *Public Opinion and the Immigrant. Print Media Coverage, 1880–1980*, Lexington 1985.

Specia, Megan: »Travel Restrictions on Americans Erode a Sense of Passport Privilege«, in: *New York Times*, 9. September 2020; https://www.nytimes.com/2020/07/07/world/europe/american-passport-privilege-coronavirus.html

Spiegel International: »Why Germany's Deportation System Is Failing Everyone«, in: *Spiegel International*, 12. März 2019; https://www.spiegel.de/international/germany/why-germany-s-deportation-policy-is-failing-everyone-a-1256414.html

Spragens, Thomas A., Jr.: *The Politics of Motion. The World of Thomas Hobbes*, Lexington 1973.

Stevis-Gridneff, Matina, u. a.: »›We Are Like Animals‹: Inside Greece's Secret Site for Migrants«, in: *New York Times*, 12. März 2020.

Stoklásková, Zdenka: »Fremdsein in Böhmen und Mähren«, in: Waltraud Heindl und Edith Saurer (Hg.), *Grenze und Staat. Paßwesen, Staatsbürgerschaft, Heimatrecht und Fremdengesetzgebung in der österreichischen Monarchie (1750–1867)*, Wien 2000, S. 619–718.

Süssmuth-Kommission: *Zuwanderung gestalten, Integration fördern* (Bericht der Unabhängigen Kommission »Zuwanderung«), 4. Juli 2001.

SZ: »Mehrere Anzeigen wegen ›Absaufen‹-Rufen bei Pegida«, in: *Süddeutsche Zeitung*, 8. August 2018; https://www.sueddeutsche.de/politik/migration-mehrere-anzeigen-wegen-absaufen-rufen-bei-pegida-dpa.urn-newsml-dpa-com-20090101-180808-99-473931

Theilen, Gustav: »Einbrecher meiden die Dunkelheit«, in: *Frankfurter Allgemeine Zeitung*, 13. Januar 2020; https://www.faz.net/aktuell/wirtschaft/mehr-wirtschaft/einbrecher-meiden-die-dunkelheit-f-a-z-serie-schneller-schlau-16574857.html

Theweleit, Klaus: *Das Land, das Ausland heißt. Essays, Reden, Interviews zu Politik und Kunst*, München 1995.

Tillschneider, Hans-Thomas: »Klarstellung von Dr. Hans-Thomas Tillschneider zu Vorwürfen des Verfassungsschutzes«, *AfD Kompakt*, 9. Dezember 2019; https://afdkompakt.de/2019/12/09/hans-thomas-tillschneider-kein-fall-fuer-den-verfassungsschutz/

UNDP: »Scaling Fences: Voices of Irregular African Migrants to Europe«, New York 2019; https://www.undp.org/content/dam/rba/docs/Reports/UNDP-Scaling-Fences-EN-2019.pdf

UNHCR: »Abkommen über die Rechtsstellung der Flüchtlinge vom 28. Juli 1951«; https://www.uno-fluechtlingshilfe.de/uploads/media/GFK_Pocket_2015.pdf

Üstün, Çigdem: »The Impact of Migration Policies on the EU's Image as a Value-Driven Normative Actor«, *EuroMesco Series*, Nr. 46, 2019; https://www.euromesco.net/wp-content/uploads/2019/12/EuroMeSCo46_Cigdem-Ustun.pdf

Vallet, Elisabeth, und Françoise Conea: »A walled border is a violent border«, in: *Policy Options*, 29. Juni 2016; https://policyoptions.irpp.org/2016/06/29/a-walled-border-is-a-violent-border/

Vammen, Ida Marie Savio: »New contested borderlands: Senegalese migrants en route to Argentina«, in: *Comparative Migration Studies* 7, no. 8, 2019, S. 1–17; https://rdcu.be/b5ExO

van Liempt, Ilse, und Jeroen Doomernik: »Migrant's Agency in the Smuggling Process: The Perspectives of Smuggled Migrants in the Netherlands«, in: *International Migration* 44 (4), 2006, S. 165–190.

Vasilache, Andreas: *Der Staat und seine Grenzen. Zur Logik politischer Ordnung*, Frankfurt am Main / New York 2007.

Vermeulen, Maite, Ajibola Amzat und Giacomo Zandonini: »Europe spends billions stopping migration. Good luck figuring out where the money actually goes«, in: *The Correspondent*, 9. Dezember 2019; https://thecorrespondent.com/154/europe-spends-billions-stopping-migration-good-luck-figuring-out-where-the-money-actually-goes/171168048128-fac42704

Vida, Melissa: »Migrants unwelcome in U.S., look to Europe«, in: *New York Times*, 11. Juni 2019.

Vigneswaran, Darshan: »Europe Has Never Been Modern: Recasting Historical Narratives of Migration Control«, in: *International Political Sociology* 14 (1), 2020, S. 2–21.

Vitoria, Francisco de: »De Indis / Über die Indianer [1532]«, in: Francisco de Vitoria, *Vorlesungen II (Relectiones). Völkerrecht, Politik, Kirche.* Herausgegeben von Ulrich Horst u. a., Stuttgart 1997, S. 370–541.

Wagner, Ulrich u. a.: »Proportion of foreigners negatively predicts the prevalence of xenophobic hate crimes within German districts«, in: *Social Psychology Quarterly* 83 (2), 2020, S. 195–205.

Walker, Shaun: »›Baby machines‹: Eastern Europe's answer to depopulation«, in: *The Guardian*, 4. März 2020; https://www.theguardian.com/world/2020/mar/04/baby-bonuses-fit-the-nationalist-agenda-but-do-they-work

Walters, William: »Deportation, Expulsion, and the International Police of Aliens«, in: *Citizenship Studies* 6 (3), 2002, S. 265–92.

Weber, Max: »Die ländliche Arbeitsverfassung«, in: *Max-Weber-Gesamtausgabe*, Abt. I, Bd. 4 (Landarbeiterfrage, Nationalstaat und Volkswirtschaftspolitik. Schriften und Reden 1892–1899), Tübingen 1993, S. 165–198.

Weiß, Anja: *Soziologie Globaler Ungleichheiten*, Berlin 2017.

Wendelin, Harald: »Schub und Heimatrecht«, in: Waltraud Heindl und Edith Saurer (Hg.), *Grenze und Staat. Paßwesen, Staatsbürgerschaft, Heimatrecht und Fremdengesetzgebung in der österreichischen Monarchie (1750–1867),* Wien 2000, S. 173–343.

Wild, Daria: »Verliebt, verlobt – verklagt«, in: *Republik. Das digitale Magazin*, 5. August 2020; https://www.republik.ch/

Wittfogel, Karl August: *Oriental Despotism. A Comparative Study of Total Power*, New Haven 1957.

Wolff, Frank: *Die Mauergesellschaft. Kalter Krieg, Menschenrechte und die deutsch-deutsche Migration 1961–1989*, Berlin 2019.

World Justice Project: »Rule of Law Index 2020«; https://worldjusticeproject.org/sites/default/files/documents/WJP-ROLI-2020-Online_0.pdf

Wurm, Fabian: »Das sind die Spots und Motive der größten Lufthansa-Kampagne aller Zeiten«, in: *horizont.net*, 9. Februar 2018; https://www.horizont.net/agenturen/nachrichten/Kolle-Rebbe-Das-sind-die-Spots-und-Motive-der-groessten-Lufthansa-Kampagne-aller-Zeiten-164753

Yıldız, Ayselin: »Impact of the EU–Turkey Statement on Smugglers' Operations in the Aegean and Migrants' Decisions to Engage with Smugglers«, in: *International Migration*, Online First, 10. September 2020; https://doi.org/10.1111/imig.12767

Zastrow, Volker: »Die neue völkische Bewegung«, in: *Frankfurter Allgemeine Sonntagszeitung*, 29. November 2015.

Zimmerer, Jürgen: »Der koloniale Musterstaat? Rassentrennung, Arbeitszwang und totale Kontrolle in Deutsch-Südwestafrika«, in: Jürgen Zimmerer und Joachim Zeller (Hg.), *Völkermord in Deutsch-Südwestafrika. Der Kolonialkrieg in Namibia (1904–1908) und die Folgen*, Berlin 2003, S. 26–41.